近代名人文库精粹

文库精粹

林则徐 魏源

林则徐 魏源⊙著

陕西新华出版
太白文艺出版社·西安

图书在版编目（CIP）数据

近代名人文库精粹. 林则徐 魏源 / 刘东主编；
（清）林则徐，（清）魏源著. -- 西安：太白文艺出版社，
2017.10（2024.5重印）
ISBN 978-7-5513-1131-1

Ⅰ. ①近… Ⅱ. ①刘… ②林… ③魏… Ⅲ. ①林则徐
（1785-1850）—文集②魏源（1794-1857）—文集 Ⅳ.
①Z425

中国版本图书馆CIP数据核字(2017)第237424号

近代名人文库精粹：林则徐 魏源
JINDAI MINGREN WENKU JINGCUI: LIN ZEXU　WEI YUAN

著　　者	林则徐　魏　源
主　　编	刘　东
责任编辑	荆红娟　姚亚丽
封面设计	揽胜视觉
版式设计	刘兴福
出版发行	太白文艺出版社
经　　销	新华书店
印　　刷	三河市嵩川印刷有限公司
开　　本	700mm×960mm　1/16
字　　数	140千字
印　　张	9
版　　次	2017年10月第1版
印　　次	2024年5月第2次印刷
书　　号	ISBN 978-7-5513-1131-1
定　　价	36.80元

版权所有　翻印必究
如有印装质量问题，可寄出版社印制部调换
联系电话：029-81206800
出版社地址：西安市曲江新区登高路1388号（邮编：710061）
营销中心电话：029-87277748　029-87217872

目录 Contents

林则徐

诗 词

高阳台和碻筠前辈韵 ……………………………… 3
驿马行 ……………………………………………… 4
病马行 ……………………………………………… 5
裕州水发村民昇舆以济感而作歌 ………………… 6
舆人行 ……………………………………………… 7
题曾静斋总戎大观巡海图 ………………………… 8
题孙平叔宫保尔准平台纪事诗册 ………………… 9
题潘功甫舍人曾沂宣南诗社图卷 ………………… 10
区田歌为潘功甫舍人作 …………………………… 11
中秋碻筠尚书招余及关滋圃军门天培饮沙角炮台眺月有作 ……… 12
壬寅二月祥符河复仍由河干遣戍伊犁蒲城相国涕泣为别愧无以慰
　其意呈诗 ………………………………………… 13
赴戍登程口占示家人二首 ………………………… 14
出嘉峪关感赋 ……………………………………… 15
途中大雪 …………………………………………… 16
次韵答姚春木 ……………………………………… 17
次韵答王子寿柏心 ………………………………… 18

次韵答宗涤楼稷辰　赠行二首	19
柬全小汀全庆二首录一	20
次韵答陈子茂德培	21
次韵和磢筠前辈	22

散　文

江苏阴雨连绵田稻歉收情形片	23
密陈夷务不能歇手片	27
答龚定庵书	30
致姚春木王冬寿书	31
复邵蕙西书	34
又复苏鳌石	36
晓谕粤省士商军民人等速戒鸦片告示稿	37
札南澳镇饬严办东路贩烟外国船只	40
拟颁发檄谕英国国王稿	42
筹议严禁鸦片章程折	45

书　信

致叶申芗	49
致林汝舟	52
致怡良	56
致沈维矫	57
致李星沅	58
致刘建韶	59
致潘锡恩	60

魏　源

散　文

| 默觚上·学篇一 | 63 |
| 默觚上·学篇四 | 67 |

默觚上·学篇五 …… 69
默觚上·学篇十二 …… 71
默觚下·治篇一 …… 73
默觚下·治篇三 …… 76
默觚下·治篇七 …… 79
圣武记叙 …… 82
道光洋艘征抚记（上） …… 84
道光洋艘征抚记（下） …… 97
海国图志序 …… 110
定庵文录叙 …… 113
归安姚先生传 …… 114
筹海篇三（议战） …… 116

书　信

致陈起书 …… 126

诗　词

村居杂兴十四首呈筠谷从兄录一 …… 128
偶然吟十八首呈婺源董小槎先生为和师感兴诗而作录一 …… 129
次韵前出塞九首 …… 130
华山诗三首 …… 131
华山西谷四首录二 …… 132
粤江舟行七首录一 …… 133
江南吟十首录二，效白香山体 …… 134
都中吟十三首录二，效白香山体 …… 135
金焦行 …… 136
江口晤林少穆制府二首录一 …… 137
寰海（二首） …… 138

林则徐

作者简介

林则徐（1785—1850） 字元抚，一字少穆，号竢村老人，福建侯官（今福州）人。嘉庆九年（1804）举人，十六年（1811）进士。选庶吉士，授编修，历官御史、浙江盐运使、江苏巡抚，以钦差大臣赴广州查禁鸦片。后为陕西巡抚，擢云贵总督，因病辞归。咸丰初，命为钦差大臣，赴广西督办军务，至潮州病卒，谥文忠。他不仅是近代政治家，还是诗人、散文家。早期作品多为消闲遣兴之作，但仍然渗透着济时拯民精神。鸦片战争后之作，表达了对时局的深沉忧思和对投降派的指责和愤慨，体现了他强烈的爱国精神。文章多为奏疏等政事文章，切中时弊，活脱自如；书函情真意切，生动感人。遗著有《云左山房诗钞》《文钞》和《林文忠公政书》等。

诗　　词

高阳台和嶰筠前辈韵

　　玉粟收余，罂粟，一名苍玉粟。金丝种后，吕宋烟草日金丝醺。番航别有蛮烟。双管横陈，何人对拥无眠。不知呼吸成滋味，爱挑灯、夜永如年。最堪怜，是一丸泥，损万缗钱！春雷歘破零丁穴，笑蜃楼气尽，无复灰燃。沙角台高，乱帆收向天边。浮槎漫许陪霓节，看澄波、似镜长圆。更应传，绝岛重洋，取次回舷。

驿 马 行

　　有马有马官所司，绊之欲动不忍骑。骨立皮干死灰色，那得控纵施鞭箠？生初岂充飒爽姿，可怜邮传长奔驰。昨日甫从异县至，至今不得辞缰辔。曾被朝廷豢养恩，筋力虽惫奚敢言？所嗟饥肠辘轳转，只有血泪相和吞。侧闻驾曹重考牧，帑给刍钱廪供菽。可怜虚耗大官粮，尽饱闲人圉人腹。况复马草民所输，征草不已草价俱。既闲槽空食有几，徒以微畜勤县符。吁嗟乎！官道天寒啮霜雪，昔日兰筋今日裂。临风也拟一悲嘶，生命不齐向谁说？君不见太行神骥盐车驱，立仗无声三品刍。

病 马 行

　　生驹不合烙官印，服皂乘黄气先尽。千金一骨死乃知，生前谁解怜神骏。不令鏖战临沙场，长年驿路疲风霜。早知局促颠连有一死，恨不突阵冲锋裹血创。夜寒厩空月色黑，强起哀鸣苦无力。昔饥求刍恐不得，今纵得刍那能食。圉人怒睨目犹侧，欲卖死皮偿酒直。马今垂死告圉人，尔之今日吾前身。

裕州水发村民舁舆以济感而作歌

皇天一雨三日强，积潦已没官道旁。众山奔泉趋野塘，平地顷刻成汪洋。高屋建瓴势莫当，龙门激箭飞有芒。巨灵奋臂山精狂，裂破岩壑如沸汤。灵夔老蛟目怒张，挖土掷作黄河黄。对岸咫尺徒相望，翻身难傅双翼翔。思鞭鼋鼍驾虹梁，神刀鬼斧不得将。就其深矣舟与方，无船谁假一苇杭。仰睇云物纷莽苍，会见阴雨来其云。舆人缩足僮仆恇，我亦四顾心徬徨。村夫欻来灿成行，踊跃为我褰衣裳。舁我篮舆水中央，如凫雁泛相颉颃。水没肩背身尽藏，但见群首波间昂。我恐委弃难周防，幸以众擎成堵墙。我舆但如箕簸扬，已夺坎险登平康。噫嘻此民真天良，解钱沽酒不足偿。我心深感怀转伤，为语司牧慎勿忘。孜孜与民敷肺肠，毋施箠楚加桁杨，教以礼让勤耕桑。天下舆情皆此乡，世尧舜世无怀襄。

舆 人 行

　　舆夫习险百不惊，登山仍如平地行。凌危反试腾踔力，连步不闻喘息声。眼前群峰矗如削，径窄林深石头恶。拍肩竟作云中游，失足真防天外落。心欲止之不可留，曲于旋蚁轻于猴。但看偃仰若无事，已是崔巍最上头。前者歌呼后者应，歌声唧哳难为听。我恐须臾系死生，彼方谈笑轻身命。嗟尔生涯剧可怜，劳劳竟日偿百钱。答言不觉登顿苦，生来惯戏嵃岩巅。卸舆与汝息腰脚，残杯冷炙付汝乐。谁知酣戏夜无眠，野店昏灯纵挎博。

题曾静斋总戎 大观巡海图

神山初日射金鳌，横海楼船下濑豪。鲲壑天风传鼓角，蜃门云水洗弓刀。清时纵少跳梁警，劲旅休忘战舰劳。准备图形上麟阁，天吴错绣折波涛。

林则徐

题孙平叔宫保 尔准平台纪事诗册

重瀛东去洋婆娑，州六岛外毗舍那。郑成功朱一贵歼夷郡县置，七日神速挥天戈。跳梁林爽文蔡牵亦授首，鲸鲵血溅沧溟波。鲲身不响鹿耳帖，比户响义嘉诸罗。噶玛兰开鸡笼拓，岛夷阡陌皆升科。上腴沃野岁三稔，陆处真作安乐窝。胡为哄争起蛮触，始祸只坐游民多。泉漳粤庄区以类，如古郼灌仇戈过。一朝睚眦辄推刃，但计修怨忘其他。或乘风鹤播簧鼓，瓯臾莫止流言讹。潜结番黎出獍穴，披发舞蹈惊天魔。深林密箐掳人入，强弓毒矢藏山阿。赤嵌城头急烽火，金厦羽檄纷飞梭。棘门灞上儿戏耳，威约渐积徒婥婀。横海楼船属连帅，乃假神手持斧柯。谓彼蚩蚩各秦越，吾唯一视无偏颇。天心厌乱神助顺，愿速集事无蹉跎。十更迢迢一针渡，风樯不动安白螺。节使渡海，历供左旋定风白螺。曼胡短衣属鞬鞬，刀头淅罢盾鼻磨。乘风破浪达彼岸，首问疾苦苏疲疴。大宣德威谕黔首，众皆感涕倾滂沱。扫除妖孽落黄斗，遂殄番割汉奸别名。袪么么。渠魁就擒胁者抚，匪以雄阵矜鹳鹅。功成更画善后策，要与休养除烦苛。朝廷策勋赉祥赉，影缨翠羽冠峨峨。秩跻疑丞媲周召，拜恩行复鸣朝珂。从今东郡息桴鼓，长祝乐岁民康和。台草无节番樣熟，恬瀛如镜驯蛟鼍。不须图编更续筹海议，但听武洛来献番夷歌。

题潘功甫舍人 曾沂宣南诗社图卷

宦游我忆长安乐，听雨铜街梦如昨。朝参初罢散鹓鸾，胜侣相携狎猿鹤。清时易得休沐暇，诗人例有琴尊约。金貂换取玉壶春，斗韵分曹劈云膜。招寻已喜苔岑同，怀抱岂辞毫素托。陌上东风盛花事，万柳毵毵桃灼灼。鼠姑开尽殿春开，琳宇瑶台趁行脚。崇效寺牡丹、丰台芍药，皆诗人游聚之所。消夏冰调太液凉，延秋云卷西山削。炉围三九寒裘拥，酎买十千画叉拓。四序流连付游屐，百端悲喜归吟橐。岂无叹息居不易，臣朔朝饥米难索。室如蜗角车鸡栖，衣似西华履东郭。秀句要教出寒饿，高歌未厌填沟壑。千秋人海几升沉，如此朋簪良不恶。连璧潘郎最少年，毫端光焰腾干莫。前跻沈宋后钱郎，日下题襟履綦错。顾余缩瑟吟秋蛩，如万牛毛一萤爚。偶喜追陪饮文字，敢擅风骚附述作。况自分符辞帝京，萍梗随流无住著。两度朝天未久留，觚棱回首栖金爵。五字长城辱君赠，曲高难和中心怍。癸未由吴中入觐，君赠诗奖借过情。未及奉和，至今为愧。比年忧患更辍吟，俗网纷纭苦缠缚。揭来重踏东华尘，扁舟先向横塘泊。君正逍遥茂苑春，篇补白华咏朱萼。剏闻乐善歌采菽，岂第诗人美涧酌。国肥不使一家肥，百顷义庄任芟柞。尚书惠心庇桑梓，舍人养志肯播获。时尊甫尚书公捐田千六百亩，为吴中义产，君实赞成之。采诗直媲上古风，徇路奚假遒人铎。乃知温柔敦厚教，贵取精华弃糟粕。徒将风月恣嘲弄，或以珠玑佐酬酢。二南虽读仍面墙，古义何由式浮薄。如君真乃深于诗，训秉趋庭济施博。新词应上御屏风，讵止翻阶咏红药。鸣珂何日还春明，九天咳唾靠霏落。南皮高会西园集，重树风声振台阁。藤花吟榭古槐街，诗老余芳未寂寞。承平方待缉雅颂，印绶原非耀累若。愿君翙凤鸣朝阳，毋为独鹤翔寥廓。

区田歌为潘功甫舍人作

　　田父尔勿喧,听我区田歌。区田所种少为贵,收获乃倍常田多。问渠何能尔?只是下不遗地力,上不违天和,及时勤事无蹉跎。尔农贪种麦,麦刈方莳禾。欲两得之几两失,东作候岂同南讹?我今语尔农,慎勿错放青春过。腊雪浸谷种,春雨披田蓑。翻泥欲深耙欲细,牛背一犁非漫拖。尔昔拔秧移之佗,禾命损矣将奈何?何如苗根直使深入土,不用尔手三摩挲。一区尺五寸,撒种但喜疏罗罗。及其渐挺出,茎叶畅茂皆分科。六度壅泥固其本,重重厚护如深窝。疾风不偃旱不槁,那有禾头生耳谷化螺?此术尔不信,但看丰豫庄中稻熟千牛驮。本书三十二说精不磨,我心韪之好匪阿。噫嘻田父毋嫸婀,莫负潘郎一片之心慈如婆。

中秋嶰筠尚书招余及关滋圃军门天培饮沙角炮台眺月有作

坡公渡海夸罗浮，凉天佳月皆中秋。_{东坡诗序语}。铁桥石柱我未到，黄湾胥口先句留。今夕何夕正三五。晴光如此胡不游？南阳尚书清兴发，约我载酒同扁舟。日午潮回棹东指，_{是日退潮在午}。顺流一苇如轻鸥。鼓枻健儿好身手，二十四桨可少休。_{快艇桨廿四不用}。转眸已失大小虎，须臾沙角风帆收。是时战舰多貔貅，相随大树驱虮蟊。炮声裂山杂鼓角，樯影蘸水扬旌斿。楼船将军肃钤律，云台主帅精运筹。大宣皇威震四裔，彼伏其罪吾乃柔。军中欢宴岂儿戏，此际正复参机谋。行酒东台对落日，犹如火伞张郁攸。莫疑秋暑酷于夏，晚凉会有风飔飀。少焉云敛金波流，夜潮汹涌抛珠球。涵空一白十万顷，净洗素练县沧洲。三山倒影入海底，玉宇隐现开琼楼。乘风我欲凌女牛，举杯邀月与月酬。霓裳曲记大罗咏，广寒斧是前身修。试陟峰巅看霄汉，银河泻露洗我头。森森寒芒动星斗，光射龙穴龙为愁。蛮烟一扫海如镜，清气长此留炎州。三人不假影为伴，袁宏庾亮皆吾俦。_{余与嶰筠、滋圃俱登峰巅}。醉归踏月凉似水，仍屏傔从祛鸣驺。褰帷拂枕月随人，残宵旅梦皆清幽。今年此夕销百忧，明年此夕相对不？留诗准备别后忆，事定吾欲归田畴。

壬寅二月祥符河复仍由河干遣戍伊犁蒲城相国涕泣为别愧无以慰其意呈诗

元老忧时鬓已霜，吾衰亦感发苍苍。余生岂惜投豺虎，群策当思制犬羊。人事如棋浑不定，君恩每饭总难忘。公身幸保千钧重，宝剑还期赐尚方。

赴戍登程口占示家人二首

　　出门一笑莫心哀,浩荡襟怀到处开。时事难从无过立,达官非自有生来。风涛回首空三岛,尘壤从头数九垓。休信儿童轻薄语,嗤他赵老送灯台。见《归田录》。

　　力微任重久神疲,再竭衰庸定不支。苟利国家生死以,岂因祸福避趋之。谪居正是君恩厚,养拙刚于戍卒宜。戏与山妻谈故事,试吟断送老头皮。

出嘉峪关感赋

　　严关百尺界天西，万里征人驻马蹄。飞阁遥连秦树直，缭垣斜压陇云低。天山峻削摩肩立，瀚海苍茫入望迷。谁道殽函千古险，回看只见一丸泥。
　　东西尉侯往来通，博望星槎笑凿空。塞下传笳歌敕勒，楼头倚剑接崆峒。长城饮马寒宵月，古戍盘雕大漠风。除是卢龙山海险，东南谁比此关雄？
　　敦煌旧塞委荒烟，今日阳关古酒泉。不比鸿沟分汉地，全收雁碛入尧天。威宣贰负陈尸后，疆拓匈奴断臂前。西域若非神武定，何时此地罢防边？
　　一骑才过即闭关，中原回首泪痕潸。弃繻人去谁能识，投笔功成老亦还。夺得胭脂颜色淡，唱残杨柳鬓毛斑。我来别有征途感，不为衰龄盼赐环。

途中大雪

积素迷天路渺漫，蹒跚败履独禁寒。埋余马耳尖仍在，洒到乌头白恐难。空望奇军来李愬，有谁穷巷访袁安。松篁挫抑何从问，缟带银杯满眼看。

林则徐

次韵答姚春木

时事艰如此,凭谁议海防?已成头皓白,遑问口雌黄。绝塞不辞远,中原吁可伤。感君教学易,忧患固其常。

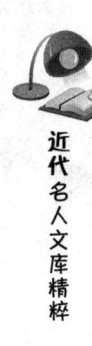

次韵答王子寿 柏心

太息恬嬉久，艰危兆履霜。岳韩空报宋，李郭或兴唐。果有元戎略，休为谪宦伤。手无一寸刃，谁拾路旁枪？

次韵答宗涤楼稷辰　赠行二首

岂为一身惜，将如时事何？绸缪空牖户，涓滴已江河。军尽惊飞镝，人能议止戈。华严诵千偈，信否伏狂魔。

昨枉琼瑶杂，驰情到雪山。投荒非我独，寻梦为君还。但祝中原靖，奚辞绝塞艰。只身万里外，休戚总相关。

柬全小汀 全庆二首录一

蓬山俦侣赋西征，累月边庭并辔行。荒碛长驱回鹘马，惊沙乱扑曼胡缨。但期绣陇成千顷，敢惮锋车历八城。丈室维摩虽示疾，御风仍喜往来轻。

林则徐

次韵答陈子茂德培

送我凉州浃日程,自驱薄笨短辕轻。
高谈痛饮同西笑,切愤沉吟似北征。
小丑跳梁谁殄灭,中原揽辔望澄清。
关山万里残宵梦,犹听江东战鼓声。

次韵和巙筠前辈

蛮烟一扫众魔降，说法凭公树法幢。
域外贪狼犹帖耳，肯教狂噬纵村尨！

散文

江苏阴雨连绵田稻歉收情形片

再，江苏连年灾歉，民情竭蹶异常，望岁之心，人人急切。今夏雨旸调顺，满拟得一丰收，稍补从前积歉。乃自七月间江潮盛涨，沿江各县业已被水成灾。其时苏、松等属棉稻青葱，犹冀以江南之盈，补江北之绌。盖本省漕赋在江北仅十之一，而江南居十之九，故苏、松等属秋收关系尤重。唯所种俱系晚稻，成熟最迟。秋分后稻始扬花，偏值风雨阴寒，遂多莠而不实，然大概犹不失为中稔。迨九月以后，仍复晴少雨多，昼则雾气迷蒙，夜则霜威严重，虽已结成颗粒，仅得半浆。乡农传说暗荒，臣初犹未信，当于立冬前后，亲坐小舟密往各处察看，见其一穗所结多属空秤，半熟之禾变成焦黑，实为先前所不及料。然犹盼望晴霁，庶可收晒上砻。不意十月以来，滂沱不止，更有迅雷闪电，昼夜数番，自江宁以至苏、松，见闻如一。臣率属虔诚祈祷，悚惧滋深。虽中间偶尔见晴，而阳光熹微，不敌连旬甚雨。在田未刈之稻，难免被淹，即已刈者，欲晒无从，亦多发芽霉烂。乡民以熏笼烘焙，勉强试砻，而米粒已酥，上砻即碎。是以业田之户，至今未得收租。

臣先因钦奉谕旨，新漕提前赶办，当经钦遵严饬各属，勒令先具限结，将何日开仓，何日征完，何日兑足开行，登载结内，并声明如有逾期，愿甘参办字样呈送；如不具限状，即系才力不能胜任，立予撤参，不使恋栈贻误。各属尚皆具结遵办。然赋从租出，租未收纳，赋自何来？当此情形屡变之余，实深焦灼。

又各属沙地只宜种植木棉，男妇纺织为生者十居五六，连岁棉荒歇业，生计维艰。今年早花已被风摇，而晚棉结铃尚旺，如得暄晴天气，犹可收之桑榆。乃以雨雾风霜，青苞腐脱，计收成仅只一二分。小民纺织无资，率皆停机坐食。且节候已交冬至，即赶紧种麦，犹恐过时，况又雨雪纷乘，至今未已，田皆积水，难种春花。接济无资，民情更形窘迫。此在臣奏报秋灾以后，歉象加增日甚一日之情形也。

地方官以秋灾不出九月，不许妄报，原系遵守定例。然值连阴苦雨，人心难免惶惶，外县城乡不无抢掠滋闹之事。臣饬委文武大员分投弹压，现已安静。除宝山乡民因补报歉收挤至县署一案，另折奏明严拿提审外，其余情节较轻例不应奏者，亦当随案照例惩办，以戢刁风。唯据续报歉收情形，勘明属实，不得不照续被灾伤之例，酌请缓征。

正在缮折具奏间，承准军机大臣字寄："钦奉上谕：'近来江苏等省几于无岁不缓，无年不赈。国家经费有常，岂容以展缓旷典，年复一年，视为相沿成例？'并奉上谕：'该督抚等不肯为国任怨，不以国计为亟，是国家徒有加惠之名，而百姓无受惠之实，无非不堪下吏私充囊橐，大吏只知博取声誉'等因。钦此。"臣跪诵之下，兢懔惭惶，莫能言状。

伏念臣渥蒙恩遇，任重封圻，且居此财赋最繁之地，乃不能修明政事，感召和甘，致地方屡有偏灾。极知经费有常，而不得不为赈恤蠲缓之请，抚衷循省，已无时不汗背靦颜，乃蒙皇上不加严谴，训敕周详，但有人心，皆当如何感愧？况臣受恩深重，何敢自昧天良！若避怨沽名，不以国计为亟，则无以仰对君父，即为覆载之所不容。臣虽至愚，何忍出此。即如上年臣到苏之后，秋成仅六分有余，而苏、松等四府一州于征兑新漕之外，尚带运十一年留漕二十万石，合计米数将及一百八十万，为历来所未有之多。原因天庾正供，不敢不竭力筹办。其辛卯年地丁，督同藩司陈銮催提严紧，亦于奏销前扫数全完，业经专折奏蒙圣鉴在案。窃维尽职之道，原以国计为最先，而国计与民生实相维系，朝廷之度支积贮，无一不出于民，故下恤民生，正所以上筹国计，所谓民唯邦本也。本年江潮之盛涨，系由黔、蜀、湖广、江西、安徽各省大水，并入长江，其破圩淹灌之处，原不止上元等六县，臣所请抚恤，第举其最重者而言。仰蒙圣上天恩，准给口粮，灾黎感沦肌髓，嗣经官绅捐资抚恤，臣即复行奏请毋庸动项，唯将所发上元、江宁、句容、江浦、仪征五县银两，留为大赈之需。其丹徒一县，捐项已有五万余两，并足以敷赈济，当将前发之银，提回司库。凡此稍可节省之处，均不敢轻费帑金。唯于灾分较重，捐项又难猝集之区，则不得不酌给例赈。臣等另折请拨之十三万两，系分给十二县卫军民，虽地方广而户口多，亦只得撙节动拨。此外无非倡率劝捐，以冀随时接济。唯频年以来，屡劝捐输，即绅富之家，实亦力疲难继。查道光三年大灾，通省捐至一百九十五万余两，至道光十一年，灾分与前相埒，仅能捐至一百四十二万余两。其余各年捐项较绌，此时间阎匮乏，劝谕愈难。然睹此待哺灾黎，要不能不勉筹推解。臣与督臣督率司、道等，各先捐廉倡导，以冀官绅富户观感乐施。凡此情形，皆人所共闻共睹。如果不肖州县捏灾冒赈，地方刁生劣监，岂肯不为举发？而绅富之家又安肯听其劝谕？捐资助赈，至再至三，且捏灾而转自捐廉，似亦无此愚妄之州县也！至请缓之举，只能缓其目前，仍须征于异日，非如蠲免之项，虑有侵吞。州县之于钱漕，未有不愿征而愿缓者，至必不得已而请缓，且年复一年，则地方凋敝情形，早已难逃圣鉴，然臣初亦不料其凋敝之一至于是！

今漕务濒于决裂，时刻可虞，臣不得不将现在实情，为我皇上密陈梗概。查苏、松、常、镇、太仓四府一州之地，延袤仅五百余里，岁征地丁漕项正耗额银二百数十万两，漕白正耗米一百五十余万石，又漕赠行月南屯局恤等米三十余万石，比较浙省征粮多至一倍，较江西则三倍，较湖广且十余倍不止。在米贱之年，一百八九十万石之米即合银五百数十万两，若米少价昂，则暗增一二百万两而人不觉。况有一石之米即有一石之费，逐层推计，无非百姓膏脂。民间终岁勤动，每亩所收除完纳钱漕外，丰年亦仅余数斗。自道光三年水灾以来，岁无上稔，十一年又经大水，民力愈见拮据。是以近年漕欠最多，州县买米垫完，留串待征，谓之漕尾，此即亏空之一端，曾经臣缕晰奏闻，然其势已不可禁止矣。臣上冬督办漕务，将新旧一并交帮，嗣因震泽县知县张亨衢办漕迟误，奏参革审，而漕米仍设法起运，不任短少，皆因正供紧要，办理不敢从宽也。今岁秋禾约收已逊去年，兹复节节受伤，甚至发芽霉烂，询之老农云：现在纵能即晴赶晾

糟朽之谷，每亩比之上年已少收五六斗。就苏州一府额田六百万亩计之，即已少米三百余万石。合之四府一州，短少之米有不堪设想者。民间积歉已久，盖藏本极空虚。当此秋成之余，粮价日昂，实从来所未见，来岁青黄不接，不知更当何如？小民口食无资，而欲强其完纳，即追呼敲扑，法令亦有时而穷。前此漕船临开，间有缺米，州县尚能买补。近且累中加累，告贷无门。今冬情形，不但无垫米之银，更恐无可买之米。至曩时，苏、松之繁富，由于百货之流通，挹彼注兹，尚堪补救。近年以来，不独江苏屡歉，即邻近各省，亦连被偏灾，布匹丝绸销售稀少，权子母者即无可牟之利，任筋力者遂无可趁之工。故此次虽系勘不成灾，其实困苦之情，竟与全灾无异。臣唯有一面多劝捐资，妥为安抚；一面督同道府州县，将漕务设法筹办，总不使借口耽延。但本年已请缓征之处，尚不过十分中之二分有余，此外常、镇等处亦已纷纷续禀。臣覆其情形略轻者，无不先行驳饬。但天时如此，日后情形如何，臣实不敢预料！昼见阴霾之象，自省愆尤；宵闻风雨之声，难安寝席。并与督臣陶澍书函往复，于捐赈办漕等事，思艰图易，反覆筹商，楮墨之间，不禁声泪俱下！倘从此即能晴霁，歉象尚不至更加，如其不然，臣唯有再行据实奏闻，仰求训示遵办。

　　大江南北为各省通衢，且中外仕宦最多，一切实情，难瞒众人耳目，臣如捏饰，非无可以举发之人。我圣主子惠黎元，恩施无已，正恐一夫不获，是以查核务严，但民间困苦颠连，尚非语言所能尽。本年漕务自须极力督办，而睹此景象，时时恐滋事端。至京仓储蓄情形，臣本未能深悉，倘通盘筹划，有可暂纾民力之处。总求恩出自上，多宽一分追呼，即多培一分元气。天心与圣心相应，定见祥和普被，屡见绥丰，长使国计民生悉臻饶裕。臣不胜延颈颂祷之至！

　　谨将现办灾歉委无捏报缘由，沥忱附片具奏，伏乞皇上圣鉴。谨奏。

密陈夷务不能歇手片

再，臣渥受厚恩，天良难昧，每念一身之获咎犹小，而国体之攸关甚大，不敢不以见闻所及，敬为圣主陈之。

查此次英逆所憾在粤省，而滋扰乃在浙省，虽变动若出于意外，其穷蹙正在于意中。盖逆夷所不肯灰心者，以鸦片获利之重，每岁易换纹银出洋，多至数千万两。若在粤得以复兴旧业，何必远赴浙洋。现闻其于定海一带，大张招贴，每鸦片一斤，只卖洋钱一元，是即在该国孟阿拉等处出产之区，尚且不敷成本。其所以甘心亏折，急于觅销者，或云以给雇资，或云以充食用。并闻其在夷洋各埠，赁船雇兵而来，费用之繁，日以数万金计；即炮子火药，亦不能日久支持。穷蹙之形，已可概见。又，夷人向来过冬以毡为暖，不著皮衣，盖其素性然也。浙省地寒，势必不能忍受。现有夷信到粤，已言定海阴湿之气，病死者甚多。大抵朔风戒严，自然舍去舟山，扬帆南窜。而各国夷商之在粤者，自六月以来，贸易为英夷所阻，亦各气愤不平，均欲由该国派来兵船，与之讲理。是该逆现有进退维谷之势，能不内却于心？唯其虚憍性成，愈穷蹙时，愈欲显其桀骜，试其恫喝，甚且别生秘计，冀得阴售其奸。如一切皆不得行，仍必帖然俯伏。臣前此屡经体验，颇悉其情。即此时不值与之海上交锋，而第固守藩篱，亦足使之坐困也。

夫自古顽苗逆命，初无损于尧、舜之朝。我皇上以尧、舜之治治中外，知鸦片之为害，甚于洪水猛兽，即尧、舜在今日，亦不能不为驱除。圣人执法惩奸，实为天下万世计；而天下万世之人，亦断无以鸦片为不必

禁之理。若谓夷兵之来，系由禁烟而起，则彼之以鸦片入内地者，早已包藏祸心，发之于此时，与发之于异日，其轻重当必有辨矣。臣愚以为鸦片之流毒于内地，犹痈疽之流毒于人心也。痈疽生则以渐而成脓，鸦片来则以渐而致寇，原属意计中事。若在数十年前查办，其时吸者尚少，禁令易行，犹如未经成脓之痈，内毒或可解散。今则毒流已久，譬诸痈疽作痛，不得不亟为拔脓，而逆夷滋扰浙洋，即与溃脓无异。然唯脓溃而后疾去，果其如法医治，托里扶元，待至脓尽之时，自然结痂收口。若因肿痛而别筹消散，万一毒邪内伏，诚恐患在养痈矣。

溯自查办鸦片以来，幸赖乾断严明，天威震叠，趸船二万余箱之缴，系英夷领事义律自行递禀求收，现有汉、夷字原禀可查，并有夷纸印封可验。继而在虎门毁化烟土，先期出示，准令夷人观看。维时来观之夷人，有撰为夷文数千言以纪其事者，大意谓天朝法令足服人心，今夷书中具载其文，谅外域尽能传诵。迨后各国来船，遵具切结，写明"如有夹带鸦片，人即正法，船货没官"，亦以汉、夷字合为一纸。自具结之后，查验他国夷船，皆已绝无鸦片，唯英逆不遵法度，且肆鸱张，是以特奉谕旨，断其贸易。然未有浙洋之事，或尚可以仰恳恩施。今既攻占城池，戕害文武，逆情显著，中外咸闻，非唯难许通商，自当以威服叛。第恐议者以为内地船炮，非外夷之敌，与其旷日持久，何如设法羁縻。抑知夷性无厌，得一步又进一步，若使威不能克，即恐患无已时；且他国效尤，更不可不虑。臣之愚昧，务思上崇国体，下慑夷情，实不敢稍存游移之见也。即以船炮而言，本为防海必需之物，虽一时难以猝办，而为长久计，亦不得不先事筹维。且广东利在通商，自道光元年至今，粤海关已征银三千余万两。收其利者必须预防其害，若前此以关税十分之一制炮造船，则制夷已可裕如，何至尚形棘手。臣节次伏读谕旨，以税银何足计较，仰见圣主内本外末，不言有无，诚足昭垂奕祀。但粤东关税既比他省丰饶，则以通夷之银，量为防夷之用，从此制炮必求极利，造船必求极坚，似经费可以酌筹，即裨益实非浅鲜矣。

臣于夷务办理不善，正在奏请治罪，何敢更献刍荛。然苟有裨国家，虽顶踵捐糜，亦不敢自惜。倘蒙格外天恩，宽其一线，或令戴罪前赴浙省，随营效力，以赎前愆，臣必当殚竭血诚，以图克复。至粤省各处口隘，防堵加严，察看现在情形，逆夷似无可乘之隙，藉堪仰慰宸怀。谨缮片密陈，伏祈圣鉴。谨奏。

答龚定庵书

定庵先生执事：月前述职在都，碌碌软尘，刻无暇晷，仅得一聆清诲，未罄积怀。惠赠鸿文，不及报谢，出都后，于舆中紬绎大作，责难陈义之高，非谋识宏远者不能言，而非关注深切者不肯言也。窃谓旁义之第三，与答难义之第三，均可入决定义；若旁义之第二，弟早已陈请，惜未允行，不敢再渎；答难之第二义，则近日已略陈梗概矣；归墟一义，足坚我心，虽不才曷敢不勉？执事所解诗人悄悄之义，谓彼中游说多，恐为多口所动，弟则虑多口之不在彼也。如履如临，曷能已已？昨者附申菲意，濒行接诵手函，复经唾弃，甚滋颜厚。至阁下有南游之意，弟非敢阻止旌旆之南，而事势有难言者，曾嘱敝本家岵瞻主政代述一切，想蒙清听。专此布颂腊祺。统唯心鉴不宣。愚弟林则徐叩头。戊戌冬至后十日。

林则徐

致姚春木王冬寿书

春木、冬寿两先生师席：

别已四载，思何可言？去年仲冬及岁暮，在祥符河干，先后奉到春翁三书、冬兄二札并各赠谪戍一诗，及附录数首，所以爱惜而诲注之者，皆从胸膈中推诚而出，岂寻常慰藉语所能仿佛一二哉？三复紬绎，背汗心铭，恨不能作累日面谈，以倾衷臆。又值河事孔艰之际，昕夕在畚锸间，未遑裁答。迨河上蒇工，则仍有荷戈之役矣，行至西安，痁作而伏，几濒于殆，因是迟迟无以奉报，万罪万罪。

夏杪疟始渐止，秋初由长安西行，比于兰州晤唐观察，询知两先生仍馆荆州，吟著如旧，虽皆不免依人，而韩、孟云龙合并之缘，为可羡也。

近者时事至此，令人焦愤填胸。贱子一身休咎，又奚足道？第爱我者既以累纸长言，反复慰谕，亦姑陈其厓略，不敢贻贤者以失听也。徐自亥年赴粤，早知身蹈危机，所以不敢稍避者，当造膝时，训谕之切，委任之重，皆臣下所垂泣而承者，岂复有所观望？及至羊城，以一纸谕夷宣布德威，不数日即得其缴烟之禀，禀中既缮汉文，复加夷字，画夷押，盖夷印，慎重如彼，似可谓诚心恭顺矣（原禀进呈，现存枢省）。遂于虎门海口收烟，徐与夷舶连樯相对者再阅月。其时犬羊之性，一有不愿，第以半段枪加我足矣。何以后来猖獗诸状，独不施诸当日？且毁烟之时，遵旨出示令诸夷观看，彼来观者归而勒成一卷书，备记其事，是明知此物之当毁，亦彰彰矣。收缴之后，并未罪其一人，唯谕以宽既往，儆将来，取其切结，以为久远通市之法度，他国人皆已遵具，即英国人亦已取具数结。唯义律与积惯卖烟者十余人，屡形反复，致以舟师接仗，我师叠挫其衂；

彼即禀恳转圜。是冬明奉上谕，禁其贸易，且叠荷密旨，区区税银，不足计较。徐曾奏请彼国已具结者，仍准通商，奉谕"究系该国之人，不应允准。钦此"，此办理禁烟之原委也。

英夷兵船之来，本在意中。徐在都时，所面陈者，姑置勿论，即到粤后，奏请放下沿海严防者，亦已五次，各省奉到廷寄率皆复奏，若浙中前抚军，则并胪列六条入告矣。定海之攻，天津之诉，皆徐所先期奏闻者。庚子春夏间，逆夷添集兵船来粤，徐已移督两广，只有添船雇勇，日在虎门操练，以资剿堵。而逆艘之赴浙，有由粤折去者，亦有未至粤而径赴浙者。是秋知有变局，徐犹自陈赴浙收复定海，而未得行。于是在羊城杜门省愆，不敢过问。迨和议不成，沙角、虎门先后失守，不得已仍自雇水勇千人，拟别为一队，未几奉有赴浙之命，遂以离粤，彼四月间事，固徐所未与闻也。到浙兼旬，奉文遣戍，行至淮、扬，蒙恩改发河工效力。自八月至今年三月，乃复西行，此三年来踪迹之大略也。

自念祸福死生，早已度外置之，唯逆焰已若燎原，身虽放逐，安能委诸不闻不见？润州失后，未得续耗，不知近日又复何似？愈行愈远，徒觉忧心如焚耳。窃谓剿夷而不谋船炮水军，是自取败也。沿海口岸防之已不胜防，况又入长江与内河乎？逆夷以舟为窟宅，本不能离水，所以狼奔豕突频陷郡邑城垣者，以水中无剿御之人，战胜之具，故无所用其却顾耳。侧闻议军务者，皆曰不可攻其所长，故不与水战，而专于陆守，此说在前一两年犹可。今则岸兵之溃，更甚于水，又安所得其短而攻之？况岸上之城郭庐庐，弁兵营垒，皆有定位者也，水中之船无定位者也。彼以无定攻有定，便无一炮虚发。我以有定攻无定，舟一躲闪，则炮子落水矣。彼之大炮，远及十里内外，若我炮不能及彼，彼炮先已及我，是器不良也。彼之放炮，如内地之放排枪，连声不断，我放一炮后，须辗转移时再放一炮，是技不熟也。求其良且熟焉。亦无他缪巧耳。不此之务，即远调百万貔貅，恐只供临敌之一哄。况逆船朝南暮北，唯水军始能尾追，岸兵能顷刻移动否？盖内地将弁兵丁，虽不乏久历戎行之人，而皆觌面接仗，似此之相距十里八里，彼此不见面而接仗者，未之前闻，故所谋往往相左。

徐尝谓剿夷有八字要言，"器良、技熟、胆壮、心齐"是已。第一要大炮得用，今此一物，置之不讲，真令岳、韩束手，奈何奈何！前曾觅一炮书，铸法练兵，皆与外洋相同，精之则不患无以制敌，扬州有刊本，惜鱼豕尚多，未知两君曾见之否？徐前年获谴之后，尚力陈船炮事，若彼时专务此具，今日亦不至如是棘手。为今之计，战船制造不及，唯漳、泉、湖三郡民商之船，尚可雇用。其水军亦须于彼募敢死之士，缘其平日顶凶舍命，有死无生，今以重资募其赴敌，尚有生死两途，必能效命。次则老虎颈之盐船与人，亦尚可以酌用，但须善于驾驭耳。逆艘深入险地，是谓我中原无人也。若得计得法，正可殄灭无遗。不然咽喉被梗，岂堪设想耶？两先生非亲军旅者，徐之觊缕此事，亦正为局外人，乃不妨言之，幸勿以示他人，切祷！切祷！

大作未及尽和，唯谪成五律，专为徐而作，谨次韵各一章，附请削正。……三、四两儿，年已渐长，而连年奔波，学俱不进。三儿于己亥岁，乘便在里中小试，谬掇一衿，现在却携此两儿出关，缘大儿汝舟，不能擅自随去，须奏明请旨，而大府均惮于代奏，是以随至关中，仍不能赴关外耳。诸叨注问，故以附陈。

此时江左军情，果能大得捷音，则如天之福。倘被久踞，则恢复之策，扼要首在荆、襄，须连结秦、蜀以为之。不知局中筹及否？龙沙万里，鳞羽难通，但有相思，勿劳惠答也。……余唯为道自重。不宣。愚弟林则徐手顿首。

壬寅仲秋上浣兰州旅次。

复邵蕙西书

蕙西大兄大人执事，中元后三日，得诵手教，辘辘数千言，于时事之得失利病，当代士夫之品谊文章，犁然抒发胸臆，不随俗为俯仰，非具范孟博澄清天下之志，许之将月旦士林之识者，曷足语此！唯于不佞奖借逾量，殊令人面赧舌挢不敢自信。岂退之所谓诱之使进于道者耶？至殷殷然属勿以年衰引身而退，则爱之愈挚而望之愈深。虽然，不佞之于执事，非有握手觌面之交也。间以一书相酬答，亦未及倾吐心曲也，而执事之腌切如是者，岂有私于庸鄙哉。在执事固或误采虚声而奖借，不佞之衰钝，无以深负厚望，且感且愧。

夫为国首以人才为重，此扼要之谈也。然人之才地各异，亦因用之者为转移。有才而不用与无才同，用之而不使之尽其才与不用同。且当其未用之先，犹有所冀也，及用之而不能尽其才，或且以文法绳之，猜忌遣之，则其人之志困而不能自伸，而天下之有才者，闻之亦多自阻。自古劳臣志士之不能竟其用者此也。以王伯安之才，国家所祷祀以求者也，然非本兵有人，则宸濠之役亦必为宵人所挠，而不足以有成。然则培养之、扶植之，使天下之才皆足以为我用，是所望于执事所谓虚公而好善之人矣。今日之人才诚不知其何如，而诚得虚公好善之人求之，则以汇聚、以汇征，因其所长而分任之，虽艰巨纷投未有不立办者，否则内忧外患交集于一时，安能以有数之人才分给之耶。况天下事，势合则易为功，势分则难为力，姚、宋、韩、范皆同心合意以措天下于泰山之安，故功成而不甚劳。若武乡侯则三代下一人耳，而独任之而无为助，故终其身无一日暇，而成败不敢逆睹，非才分之有优绌，乃时之难易，势之分合为之也。

今之时势，观其外犹一浑全之器也，而内之空虚无一足以自固。即得大有为者以振作之，尚恐其难以程效，况相率而入于因循粉饰之途，其何以济耶！狂澜东下，诚有心者所歔欷而不能已耳！执事所深嫉者在于剜肉疗饥，吮血止渴，此诚确论，然上下皆明知之而故蹈之，亦曰计无所出云耳。夫以担囊揭箧负匮之盗，而无如之何，且相率而讳匿之，将顺之，竭江海而取偿于沟渎，其涸有不立待者耶！大疾不治而药其轻者、小者，即效亦奚以为？况药施于此而疾且发于彼。即如大教所论圜法，停铸减铸非不可行，然停减者已七八省矣，即以闽省言之，停炉已三十年，不独银钱皆有票，即洋钱亦用票，而银之贵且日甚一日。执事见京局铸出之钱而讶为过重，要知其重者砂也，非铜也，故掷地易碎，果其纯铜，则甫铸成而毁之者众矣，亦常不给之势也。外省所用之钱，轻而小者十之七八，其用重钱者仅一二耳。银之所贵者无他，岁去五千万有数可稽，其以洋银入者不及一也，譬如人之精血日耗于外，而唯于五官六腑自求运气之术，能敌其外出者乎？

至于滇南铜政，败坏极矣，往时鄙论亦主不运铜之议，谓一年可先省百万铜本也。及来滇而始知其不可，若铜本一岁不发，则滇必乱，乱弭而所费且浮于铜本矣，终亦不能不发也，是势之无如何者也。执事又谓将未发之仓谷变价待拨，似有激而言之。然仓谷者缓急所资也，今亏空虽甚，要不致颗粒俱无，许其变价则困鹿为之一空矣。设遇旱潦与兵革之事，虽白银可以易米，而急切无及，将如之何！此则迂见之所不敢强同，要亦不敢自以为是也。

不佞鲜学寡闻，自释褐至今三十余稔矣。驰驱中外，虽不敢妄自菲薄，而荷两朝知遇，无以仰答高深，又未尝不时萦惭恧。前者岛夷弗靖，自愧以壮往招尤。及生入玉关，唯以得归为幸，乃荷圣慈再造，重忝封圻之任，报称愈难。年来盗匪之恣纵，汉、回之纠纷，竭其蠢愚，勉为措置，幸不至覆悚诒消，然筋力则已颓然矣！筹边重任，非一官一邑之比，而衰惫之躯厕其间，使擘画未周，则贻患非细，将如国事何？将如民事何？所以反复筹计而不敢苟禄者此耳！新秋暑退，即谂履候胜常，无任延傃。

又复苏鳌石

七月初接读手答,语长情重,不啻促膝倾谈。转叹省中发言盈廷,未闻有如刘荆州之纸书,贤于十部从事也。弟早欲续陈缕缕,因欲乘便带物,而未得其人。正月,船刺史去时,竟未使弟知之,遂致稽延两月为歉。中间陈颂南、郭远堂二君与弟过从,叠询芳范,远堂述及别时寄语,敬佩尤不可殚言。弟之蒿目焦怀,非一朝夕之故,若得执事在省,此衷犹可畅陈,今隔数程,即有楮墨难宣之处。而陈、郭皆云,迩来尊意定不欲上省,弟遂亦不敢遽邀。盖倦鸟入林,彼此固无两境界耳。

来教加圜之字,弟无时不念释在兹。然既无斧柯,又不能谋诸肉食,此日之牢不可破,似更倍蓰于前。自顾硁硁之怀,每于愤激时,辄思出山,迨静中细思,即出亦无所益。又欲暂移幽僻处所,期于不见不闻,及徐思之,复有不可移之理在。凡此均非腕中所能视缕,阁下亦只能相喻以心耳。尊意极谓口门可恃,弟意正同。近日密察彼处民情与其力量,洵不能不负此险。又水部、东门一带劲气相连,迩日亦甚著效,此差足以慰悬怀者耳。

林则徐

晓谕粤省士商军民人等速戒鸦片告示稿

为剀切晓谕速断鸦片以全生命以免刑诛事：

照得广东为声名文物之邦，自古迄今，名儒名宦，代有伟人，闻者莫不起敬。不料近年以来，多沉溺于鸦片烟，以致传遍海隅，毒流天下，推其源则为作俑之始，究其极几成众恶之归。凡各省之贩鸦片者，不曰买自广东，则曰广东人夹带而来也。吸鸦片者，不曰传自广东，则曰广东人引诱所致也。似此大邦，冒此不韪，岂不可惜！从前刑罚尚不甚重，查拿亦不甚严，无耻之徒，恬不知怪。今则天威震怒，斧钺森严，法在必行，极诸大辟，盖必使之扫除净尽而后已也。本大臣由楚省奉召进京，面承训谕，指授机宜，给以钦差大臣关防来此查办，尔等皆已闻知。试问向来鸦片之禁，有如此之严紧否？如此严紧而尚可以观望否？且钦差大臣关防，非重大之事不用，今蒙特旨颁给，其尚能将就了事否？本大臣与督部堂、抚部院懔遵严旨，唯有指天誓日，极力驱除，凡攘外靖内之方，皆已密运深筹，万无中止之势。除再严拿窝积兴贩立置重典外，唯念尔等吸食之辈，陷溺已深，不忍不教而诛。特先悉心开导。

夫人以己所不食之物而令人食之，即使不费一钱，亦为行道所不受，乞人所不屑。况鸦片在外夷人不肯食，而华人乃反甘心被诱，竭髓冒禁，买毒物以自戕其生。吾民虽愚，何至如此！是比诸盗贼之用闷香、拐带之用迷药、妖邪之用蛊毒，以攫人财而害人命者，殆有甚焉。且财为养命之源，尔等银钱，都非容易，将银换土，可笑孰甚！舍银服毒，可哀孰甚！尔等独不思瘾作之时，纵有巨盗深仇，凶刀烈火来至尔前，尔能抵敌之乎？唯有听其所为而已。尔等生长海滨，非同腹地，不可不思患预防。奈

何任人愚弄，不惜生命，不顾身家，一至于此！夫鱼贪饵而忘钩，蟹贪光而忘火，猩猩贪酒而忘人之欲其血，彼原自取，何足深尤。所患者，习不回，颓波日沸，则人人皆委顿，户户皆困穷，此邦之人，将何恃以不恐乎？梓桑绅士，宜有以训俗型方，讵忍安坐迁延，不一援手。而士为四民之首，品行为先，一溺其中，直成废物，若不痛改，朝廷岂用此等人。且泾以渭浊，薰因莸臭，万一上干廑怒，一概视为弃才，恐于全省仕路科名大有妨碍，不可不虑也。至闾阎虽众，而十室必有忠信，不能不寄耳目于地邻。向来文武衙门弁兵差役，破获原为不少，而民间惮于查禁，遂以栽害攫物，徇纵诈赃等弊，纷纷籍口，此固不能保其无弊。然兵役作弊，例应加等惩办，官员徇庇，尤必立予严参。果有被诬被诈之人，申诉到官，必为昭雪。但不能因噎废食，使查拿者转为松劲。本大臣上年在湖广所拿各案烟犯，凡员弁带往兵役，临时先令自行搜检，迨查拿出门，又令本官一搜，不许带入物件。今亦通饬照办。

除另刊章程十条并各种断瘾药方，分别檄行严禁外，合亟出示晓谕。为此示仰合省士商军民人等知悉，凡从前误食鸦片者，速即力求断瘾，痛改前非。省城限于二月起至三月底止，各府州县以奉文之日起，勒限二月，务将家有烟枪烟斗几副，杂件烟具若干，余烟若干，一并检齐，赴所在有司呈缴。如惮于自缴，则或父兄及邻右戚友亦准代缴。但期能改即止，并不查究来历，请问姓名。唯不许以新枪假土蒙混搪塞，倍干重咎。尔等须知无不可断之瘾，而贵有必断之心，上年曾见湖广之人，有积瘾三十年日吸一两而居然断去者，断后则颜面发胖，筋力复强，屡试屡验。岂有别省皆可断，而广东转不能断之理？即谓地有瘴气，尽可以槟榔旱烟解之，省费适口，且不犯禁，何不以彼易此乎？自示之后，倘仍执迷不悟，匿具不缴，则是玩法抗违，唯有挨查牌甲，责令举首，一面严密搜拿。凡尔吸食鸦片者，处处皆死地，刻刻皆危机，其能藏匿幸全者，未之有也。

至窑口烟馆，经督部堂、抚部院节次严拿治罪，现在关闭者多。然第暂歇一时，以为官禁不能长久，孰知此次非往时之比，不净不休。其将烟土潜藏者，欲俟查拿稍松仍行偷卖，尤为可恶。现有妥线分报查访，一得确信，即往严搜。破获者尽法痛办，指拿者优加奖赏。其藏匿之房屋，一并入官。凡尔有些资本之人，何事不可图利，若前此误卖烟土，藏匿在家，速即自首到官，亦当分别量减。此固本大臣甫经入境，法外施仁，断不能迟迟以待。若不趁此刻猛省回头，以后虽欲改图，噬脐莫及。身家性命所系，生死祸福所关，各宜懔之慎之！毋贻后悔。特示。

林则徐

札南澳镇饬严办东路贩烟外国船只

札南澳沈镇知悉：

前据该镇禀称"三月十三日，东上洋面有夷船大小七只，先后驶来，职挥令署海门营参将谢国泰，率同兵船跟踪堵防，该夷船七只，直向西南驶去，因风浪狂大，三只收回长山尾等洋停泊。越十四日早黎明，三只亦齐向西南开驶，兵船尾跟无踪。职属粤洋，现无夷船，即所辖之铜洋、布袋澳一带，刻下亦无夷舶，俱已西往。闻闽洋以上各洋面，尚有夷船往来游弋，相距杳远，无凭确查"等情。本大臣、本部堂当查先据英吉利国领事义律等禀覆，装载烟土夷船，有赴南澳一带者，已遣三板招回，谕令即至中路呈缴等语。此次夷船既向西南开驶，有无逗留，即经批饬查禀在案。

兹虎门陆续到有佛兰吐船、卑叻吐船、鸡船，据称从南澳驶来，又有唎船、治篾时船、罗麻打吐船，据称从福建驶来，俱已缴清烟土。是现在缴烟之船，即是该镇所禀向西南开驶之船。此时闽粤交界一带洋面，尚无夷船，自属可信。唯思闽省南洋与粤省相连，其北洋则离粤甚远，有无夷船在彼游弋，粤省无由查知。该镇既称闽洋以上尚有夷船，则一经闽省驱逐，自必仍回粤境。且外洋新到夷船难保不又夹带烟土，虑及中路押令呈缴，势必越窜东路，勾结觅售，恃为藏垢纳污之所。此时稍一松劲，又必滋蔓难图。是以前次札饬该镇，亲率舟师，配足弁兵炮械，并带火船，相机剿击。继又配委碣石黄镇赴粤会办，意在肃清闽、粤两省洋面，畛域不分。况闽省现委漳州府胡守至分水关与潮州府易守面商会办，而该镇所辖洋面，界兼两省，更属责无旁贷。何以该镇现与漳、潮两府会禀筹议章程，仅称由地方官府派丁役探查，知会陆营在岸防守，而于兵船应如何追捕之处，绝不提及，一似该镇可以袖手旁观也者，试问所司何事？除会禀另行批饬外，合再会札严饬。札到，该镇速即遵照节次批檄，亲带兵船在洋时刻巡查，如有夷船自闽洋驶回，或由外洋窜至，即令通事明白晓谕，令其速即回帆，仍来中路缴烟。倘敢抗违不遵，即照前札或用炮轰击，或用火焚烧，务使创巨痛深，始免沓来踵至。须知该辖洋面，原非夷船应到之区，不比中路之伶仃等洋，系准番舶通行路径。其在准行之处，理应区分良莠，不能一概指为带私。若如不应到之处，混行窜越，旋逐旋来，其为有莠无良，更何待问。

查海外岛夷，种类不一，果为经商良夷，在该国领有牌照来至内地贸易者，必由中路进口，报税投行，自宜示以天朝柔远之经，妥为照护。其由外洋混窜者，在彼国明系犯禁偷渡，即夷法亦所不容，况天朝禁令森严，岂有转以内地各洋为伊逋逃之薮。向来不即重治其罪，只命驱逐开行者，原系不为已甚之意。然必立刻逐去，不许停留，乃合此二字之义。讵料水陆营县，巧为掩饰，转成老生常谈，本卖烟也，而以为避风，本久碇也，而以为游弋。直至经旬浃月，烟尽帆开，而禀报之文，尚觍然仍称驱逐，甚将去来日子，挪后移前，纵能哄骗上官，独不顾奸夷窃笑耶？以此观之，"驱逐"二字，正可遂舟师趋避之计，并无实济。而奸慝屡逐不去，屡谕不从，亦安能不加之剿击？盖剿击见诸实事，非若驱逐徒托空言，有火船可纵焚烧，有炮位准其轰击，水师镇将尚能饰以虚词乎？且闻混窜之船，多系双桅，不能如伶仃洋趸船之高大坚厚，即炮械亦属有限，甚且安假炮以虚张声势，画炮眼以远饰观瞻。近经本大臣、本部堂随处访查，烛其奸伪，该镇等更何所用其畏首畏尾，而尚退缩不前乎？自此次严札之后，该镇所辖洋面，一遇夷船，即须照札办理，不许一刻留容。如查出再有夷船在洋停泊，甚至累日逗留，若非贿纵售私，即是惰巡畏怯，白简具在，咎有攸归，毋谓言之不预也。特札。

拟颁发檄谕英国国王稿

为照会事：

洪唯我大皇帝抚绥中外，一视同仁，利则与天下公之，害则为天下去之，盖以天地之心为心也。贵国王累世相传，皆称恭顺，观历次进贡表文云"凡本国人到中国贸易，均蒙大皇帝一体公平恩待"等语，窃喜贵国王深明大义，感激天恩，是以天朝柔远绥怀，倍加优礼，贸易之利垂二百年，该国所由以富庶称者，赖有此也。唯是通商已久，众夷良莠不齐，遂有夹带鸦片、诱惑华民，以致毒流各省者。似此但知利己，不顾害人，乃天理所不容，人情所共愤。大皇帝闻而震怒，特遣本大臣来至广东，与本总督部堂、本巡抚部院会同查办。凡内地民人贩鸦片、食鸦片者，皆应处死。若追究夷人历年贩卖之罪，则其贻害深而擭利重，本为法所当诛。唯念众夷尚知悔罪乞诚，将趸船鸦片二万二百八十三箱，由领事官义律禀请缴收，全行毁化。叠经本大臣等据实具奏，幸蒙大皇帝格外施恩，以自首者情尚可原，姑宽免罪，再犯者法难屡贷，立定新章。谅贵国王向化倾心，定能谕令众夷兢兢奉法，但必晓以利害，乃知天朝法度断不可以不懔遵也。

查该国距内地六七万里，而夷船争来贸易者，为获利之厚故耳。以中国之利利外夷，是夷人所获之厚利，皆从华民分去，岂有反以毒物害华人之理。即夷人未必有心为害，而贪利之极，不顾害人，试问天良安在？闻该国禁食鸦片甚严，是固明知鸦片之为害也。既不使为害于该国，则他国尚不可移害，况中国乎！中国所行于外国者，无一非利人之物：利于食，利于用，并利于转卖，皆利也。中国曾有一物为害外国否？况如茶叶、大黄，外国所不可一日无也。中国若靳其利而不恤其害，则夷人何以为生？又外国之呢羽哔叽，非得中国丝斤不能成织，若中国亦靳其利，夷人何利可图？其余食物自糖料姜桂而外，用物自绸缎瓷器而外，外国所必需者，曷可胜数。而外来之物，皆不过以供玩好，可有可无，既非中国要需，何难闭关绝市！乃天朝于茶丝诸货，悉任其贩运流通，绝不靳惜，无他，利与天下公之也。该国带去内地货物，不特自资食用，且得以分售各国，获利三倍，即不卖鸦片，而其三倍之利自在，何忍更以害人之物，恣无厌之求乎！设使别国有人贩鸦片至英国诱人买食，当亦贵国王所深恶而痛绝之也。

向闻贵国王存心仁厚，自不肯以己所不欲者施之于人，并闻来粤之船，皆经颁给条约，有不许携带禁物之语，是贵国王之政令本属严明，只因商船众多，前此或未加察。今行文照会，明知天朝禁令之严，定必使之不敢再犯。且闻贵国王所都之伦敦及苏格兰、爱尔兰等处，本皆不产鸦片，唯所辖印度地方，如孟加拉、曼达拉萨、孟买、巴达拿、默拿麻尔洼数处，连山栽种，开池制造，累月经营，以厚其毒，臭秽上达，天怒神恫。贵国王诚能于此等处，拔尽根株，尽锄其地，改种五谷，有敢再图种造鸦片者，重治其罪，此真兴利除害之大仁政，天所佑而神所福，延年寿，长子孙，必在此举矣。

至夷商来至内地，饮食居处无非天朝之恩膏，积聚丰盈无非天朝之乐利，其在该国之日犹少，而在粤东之日转多，弼教明刑，古今通义，譬如别国人到英国贸易，尚须遵英国法度，况天朝乎！今定华民之例，卖鸦片者死，食者亦死。试思夷人若无鸦片带来，则华民何由转卖？何由吸食？是奸夷实陷华民于死，岂能独予以生？彼害人一命者尚须以命抵之，况鸦片之害人岂止一民已乎？故新例于带鸦片来内地之夷人，定以斩绞之罪，所谓为天下去害者也。复查本年二月间，据该国领事义律以鸦片禁令森严，禀求宽限，凡印度港脚属地请限五月，英国本地请限十月，然后即以新例遵行等语。今本大臣等奏蒙大皇帝格外天恩，倍加体恤，凡在一年六个月之内，误带鸦片但能自首全缴者，免其治罪。若过此限期，仍有带来，则是明知故犯，即行正法，断不宽宥，可谓仁之至、义之尽矣。

我天朝君临万国，尽有不测神威，然不忍不教而诛，故特明宣定例。该国夷商欲图长久贸易，必当懔遵宪典，将鸦片永断来源，切勿以身试法。王其诘奸除慝，以保乂尔有邦，益昭恭顺之忱，共享太平之福。幸甚，幸甚！

　　接此文之后，即将杜绝鸦片缘由速行移复，切勿诿延。须至照会者。

林则徐

筹议严禁鸦片章程折

奏为遵旨筹议章程，恭摺覆奏，仰祈圣鉴事：

本年五月初二日准兵部火票递到刑部咨开："道光十八年闰四月初十上谕：'黄爵滋奏请严塞漏卮以培国本一摺，著盛京、吉林、黑龙江将军，直省各督抚，各抒所见，妥议章程，迅速具奏。摺并发。钦此'。"臣查原奏内称"近来银价递增，每银一两易制钱一千六百有零，非耗银于内地，实漏银于外夷。自鸦片烟流入中国，其初不过纨绔子弟习为浮靡，嗣后上自官府缙绅，下至工商优隶，以及妇女僧尼道士，随在吸食。广东每年漏银渐至三千万两，合之各省，又数千万两。耗银之多由于贩烟之盛，贩烟之盛由于食烟之众，今欲加重罪名，必先重治吸食。请皇上严降谕旨，自今年某月某日起至明年某月某日止，准给一年限期。若一年以后仍然吸食，是不奉法之乱民，罪以死论"等语。

臣伏思鸦片流毒于中国，纹银潜耗于外洋，凡在臣工，谁不切齿，是以历年条奏，不啻发言盈廷，而独于吸食之人，未有请用大辟者。一则《大清律例》早有明条，近复将不供兴贩姓名者由杖加徒，已属从重，若径坐死罪，是与十恶无所区别，即于五刑恐未协中；一则是以犯者太多，有不可胜诛之势，若议刑过重，则弄法滋奸，恐讦告诬攀，贿纵索诈之风，因而愈炽。所以论死之说，私相拟议者未尝乏人，而毅然上陈者独有此奏。然流毒至于已甚，断非常法之所能防，力挽颓波，非严蔑济。兹蒙谕旨敕议，虽以臣之愚昧，敢不竭虑筹维。

窃为治狱者固宜准情罪以持其平，而体国者尤宜审时势而权所重。今鸦片之贻害于内地，如病人经络之间久为外邪缠扰，常药既不足以胜病，

45

则攻破之峻剂，亦有时不能不用也。夫鸦片非难于革瘾，而难于革心，欲革玩法之心，安得不立怵心之法。况行法在一年以后，而议法在一年以前，转移之机正系诸此。《书》所谓"旧染污俗，咸与维新"，《传》所谓"火烈民畏，故鲜死焉"者，似皆有合于大圣人辟以止辟之义，断不至与苛法同日而语也。唯是吸烟之辈陷溺已深，志气无不惛昏，今日安知来日。当夫严刑初设，虽亦魄悚魂惊，而转思期限尚宽，姑俟临时再断，至期迫而又不能骤断，则罹法者仍多，故臣谓转移之机即在此一年中。必直省大小官员共矢一心，极力挽回，间不容发，期于必收成效，永绝浇风，而此法乃不为赘设。兹谨就臣管见所及，拟具章程六条，为我皇上敬陈之：

一、烟具先宜收缴净尽，以绝残根也。查吸烟之竹杆谓之枪，其枪头装烟点火之具，又须细泥烧成，名曰烟斗。凡新枪新斗皆不适口，且难过瘾。必其素所习用之具，有烟油渍乎其中者，愈久而愈宝之，虽骨肉不轻以相让。此外零星器具，不一而足，然尚可以他具代之，唯枪斗均难替代，而斗比枪尤不可离。遇无枪时，以习用之斗配别样烟杆，犹或迁就一吸。若无斗即烟无装处，而自不得不断矣。今须责成州县，尽力收缴枪斗，视其距海疆之远近，与夫地方之冲僻，户口之繁约，民俗之华朴，由各大吏酌期定数，责以起获，示以劝惩。除新枪新斗听该州县自行毁碎不必核计外，凡渍油之枪斗，皆须包封，黏贴印花，汇册送省，该省大吏当堂启封毁碎。无论此具或由搜获，或由首缴，或由收觅，皆许核作州县功过之数。若地方繁庶而收缴寥寥者，立予撤参。如能格外多收，亦当分别奖励。

二、此议定后，各省应即出示劝令自新，仍将一年之期割分四限，递加罪名，以免因循观望也。查重典之设，原为断吸起见。果能人人断吸，亦又何求？所谓以人治人，改而止也。各省奉文之后，应由大吏发给告示，偏行剀切晓谕，自奉文之日起，扣至三个月为初限，如吸烟之人，于限内改悔断绝赴官投首者，请照"习教人首明出教"之例，准予免罪。然投首非空言也，必将家藏烟具几副，余烟若干，全行呈缴到官，出具改悔自新毫无藏匿甘结，加具族邻保结，立案报查。如日后再犯，或被告发，或经访闻，拘讯得实，加倍重办。其二三四限之内投首者，虽不能概予免罪，似亦可酌量减轻。唯不投首者，一经发觉，即须加重。盖四时成岁，三月成时，气候不为不久，果知畏法，尽可改图；若仍悠忽迁延，再三自误，揆以诛心之律，已非徒杖所可蔽辜。除初限以内拿获者，仍照原例办理外，其初限以外四限以内未首之犯，拿获审实，似应按月递加一等，至军为止。其中详细条款，并先后投首如何减等，首后再犯如何惩办之处，均请敕部核议施行。似此由宽而严，由轻而重，不肖之徒如再不知悔惧，置诸死地，诚不足惜矣。

三、开馆兴贩以及制造烟具各罪名，均应一体加重，并分别勒限缴具自首，以截其流也。查开馆本系死罪，兴贩亦应远戍，近因吸食者多互相包庇，以致被获者转少。今吸烟既拟重刑，若辈岂宜末减！应请一体加重，方昭平允。但浇俗已深，亦宜予以自新之路。请自奉文之日起，开馆者勒限一月，将烟具烟土全缴到官，准将原罪量减。如系拿获，照原例办理。地方官于一月内办出者，无论或缴或拿，均免从前失察处分。倘逾限拿获，犯照新例加重，自获之员减等议处。其兴贩之徒，路有远近，或于新例尚未闻知，不能概限一月投首。应请酌限三个月内，不拘行至何处，准赴所在有司衙门缴烟免罪。若逾限发觉，亦应论死。其缴到之烟土烟膏，眼同在城文武，加用桐油立时烧化，投灰江河。匿者与犯同罪。至制造烟具之人，近日愈伙，如烟枪固多用竹，亦间有削木为之，大抵皆烟袋铺所制。其枪头则裹以金银铜锡，枪口亦饰以金玉角牙。闽、粤间又有一种甘蔗枪，漆而饰之，尤为若辈所重。其烟斗自广东来者，以洋瓷为上；在内地制造，以宜兴为高。恐其屡烧易裂也，则亦包以银锡，而发蓝点翠各极其工；恐其屡吸易塞也，则又通以铁条，而矛戟锥刀不一其状，手艺之人喜其易售，奇技淫巧竞相传习，虽照例惩办而制造如故。应请概限奉文一月内，将所制大小烟具全行缴官毁化免罪。并谕烟袋作坊、瓦器窑户以及金银铜锡竹木牙漆各匠，互相稽查。如逾期不首及首后再制，俱照新例重办。其装成枪斗可用吸食者，即须论死。保甲知情不首，与犯同罪。

四、失察处分，宜先严于所近也。文武属员有犯，该管上司于奉文三个月内查明举发者，均予免议。逾期失察者，分别议处。其本署戚友家

丁，近在耳目之前，断无不知，应勒限一个月查明。若不能早令革除，又不肯据实举发，即是有心庇匿，除犯者加重治罪外，应将庇匿之员即行革职。本署书差发犯，限三个月内查明惩办，逾期失察者，分别降调。

五、地保牌头甲长，本有稽查奸宄之责，凡有烟土烟膏烟具，均应著令查起也。挟仇讦告之风固难保其必无，但能起获赃证，即有证据。且起一件即少一害，虽初行之时亦恐难免滋扰，然凡事不能全无一弊，若果吸烟者惧其滋扰而皆决意断绝，正不为无裨也。至开馆之房主及该地方保甲，断无不知之理，若不举发，显系包庇，应与正犯同罪，并将房屋入官。

六、审断之法宜预讲也。此议定后，除简僻州县犯者本少，即有一二无难随时审办外。若海疆商贾马头及通衢繁会之区，吸食者不可胜数。告发既多，地方有司日不暇给，即终日承审，而片刻放松则瘾已过矣，委人代看则弊已作矣，是非问罪之难而定谳之难也。要知吸烟之虚实，原不在审而在熬，熬一人与熬数人数十人，其工夫一耳。且专熬一人容或有弊，多人同熬转无可欺。譬如省会地方，择一公所，汇提被控被拿之人，委正印以上候补者一员往审足矣，不必多员也。临审时恐其带药过瘾，则必先将身上按名严搜，即糕点亦须敲碎，然后点人封门，如考棚之座号，各离尺许，不准往来。问官亦只准带一丁两役，随身伺候，不许擅离。自辰巳以至子丑，只须静封，不必问供，而有瘾之人情态已皆百出矣。其审系虚诬者，何员所审，即令何员出具切结，倘日后别经发觉，唯原审官是问。

以上六条，就臣愚昧之见，斟酌筹议。未知当否，理合缮摺具奏，伏乞皇上圣鉴训示。

书　信

致叶申芗

道光二十年十一月二十九日（1840年12月22日）于广州小庚年老前辈太亲翁大人阁下：

自戊戌冬间郑州道上手泐寸缄，缴谢盛赐，由训勤四兄带呈之后，忽忽又阅两年。而未获续修片楮，非敢安于疏懒，实缘胸臆中所欲陈者，不啻千头万绪，须待稍暇，一为倾吐，而力微任重，竭蹶不遑，迄无一日之暇，荏苒至今，惶歉奚可言似。乃承阁下谅其无他，不加督责，且叠荷手书存问，感刻奚如。唯所示去岁由芸卿处寄来两函，侍只收到九月一函。兹于小春由陆静轩带来一函，系二月所寄，并《词选》六卷俱领到，唯《栽花百咏》未见，不知果已封入否？又由梁楚香带来一函，系七月所寄，子月望前始到，彼时祇知有浙中定海之事，而夷务之变局，尊处尚未得有传闻，至近日谅均备悉矣。

侍戊冬在京被命，原知此役乃蹈汤火，而固辞不获，只得贸然而来，早已置祸福荣辱于度外。唯时圣意亟除鸦毒，务令力杜来源，所谓来源者，固莫甚于英吉利也。侍思一经措手，而议论者即以边衅阻之，尝将此情重叠面陈，奉谕断不遥制。迨到粤后，又将夷情探明具奏，节蒙寄谕"应权变示威，断不可稍形畏葸，示以柔弱"等因，是以钦遵办理。在顽夷虚骄成性，纵之则愈滋桀骜，束之亦易就范。侍上年发谕一次，即据禀缴烟土二万余箱，未曾折一矢镞。随即奏明，令具切结，如再夹带鸦片，人即正法，船货没官。他国皆已遵依，独英夷再三反复，而言路适有条陈

以取结为无益者,恰如奸夷之意。事之无成,殆基于此矣。

嗣英夷殴毙华民,抗不交凶,当经援照嘉庆十三年案,奏明断其接济,逐出澳门。该夷遂以兵船赴大鹏营滋扰,经我师大挫其锋,于是该国之船有情愿遵结者,业已招令进口,而该夷兵船忽来阻挠,致又与我师接仗。至十月间,将该夷船全行驱出外洋。奏奉谕旨"若再准令通商,成何事体?饬即断其贸易,并已具结者,亦是该国之船,概不准其通商"等因,复经钦遵办理。

至夷洋与内地各省洋面,处处可通,本无阨塞,贸易既断之后,原知该夷必不甘休。粤省时刻严防,知其不能逞志,必向江、浙、直、东等处滋扰。屡次奉请敕下各督抚严密堵防,并该夷之窥伺舟山,与其拟赴天津递呈,亦皆先期采明入告。且乌敬斋于奉旨后,奏有防夷条款。孰知徒托空言,致定海城垣仅被飞炮数门,军民即皆全散,任其占取,又岂粤省所能代防耶?

迨夷船北赴天津,不过数只,原无能为,而彼处之无备与定海等。守土者恐又失事,遂以蜚语归咎于粤,而和议兴矣。此后事势,歧之又歧,难以罄述。中州见闻伊迩,谅已悉在鉴中。侍不敢为一身之计,而不能不为国体惜也。辰下羁滞羊城,听候查问。如可蒙恩放归田里,则养疴誓墓,正惬夙怀。倘须一出玉门,亦属无可如何之事,临时再作计较可耳。

阁下前在四明所陈之策,原同曲突徙薪,惜不能用。然近日并将造船铸炮等事,皆以经费之难,一概不准,而转以牛、羊、水、米犒师为上策,则亦何从置论哉!

去年令侄女与次儿聪彝缔姻,多惭攀附。近日已有喜信,可冀得孙,藉以告慰。前闻长公子伯勤之变,怅惘殊深,然其令嗣均已成长,并且得孙,阁下已开四代,亦可以喜解悲矣。闻仲勤上年因遭鸰原之戚,未肯入闱,谊笃孔怀,洵堪起敬,今年又复受屈,然绩学必有大伸也。宣勤发解后,遽赴修文,人人惜之,闻为庸医所误,益信不服药之为中医也。亡弟之变,勿亦将及期年,其病体久入膏肓,思之尚有余恸,唇叨垂问,悲感曷胜。

大著各种词钞,皆必传之作,侍于此事实门外汉,不敢作序,客俟心绪较清，当以题辞寄政耳。

芸卿之折，本意中事，唯楚嵯亦极难办，并常与苍鹰共处，大都事与心违。近闻星使在武昌欲翻郧阳前案，未知果否平反？唯祝芸卿早驾廉车以去，则飞腾甚速矣。

张澥山上年回粤，曾晤两次，随即回琼州。其世兄于去秋乡荐，现尚留京。大抵澥山在海南居家，亦尚可以将就过日，未必出山矣。

拉杂书此，复请升安，近状昏昏，恕无诠次。

年姻侍则徐顿首　　庚子冬至

致林汝舟

道光二十年十二月二十八日至道光二十一年正月初五日（1841年1月20日至27日）于广州

广东夷务，大不可问。议和之事，琦相以为秘计，不令人知情，唯密任白含章（直录守备）及汉奸鲍鹏，往来寄信，虽甚秘密，其实人人皆知。如烟价一事，已许偿七百万，尚要一千万，且要现银。闻亦许以现付一百万，尚且不肯。其码头除广东外，闻又许以福建省城及厦门两处，而彼尚要苏州、上海、宁波等处，并定海亦不肯还。其骄恣如此，看来和议不成，仍须再动干戈，彼时欲收已懈之军心，与已散之壮勇，又何可得哉？譬如治气血大亏之症，正在用药扶持中间，忽被一医用了泻剂，几乎气脱，如何保全？此真可为痛哭者也。

逆夷与琦相照会，动云限以三日，若不许即攻打虎门，如是已数次。且其照会内云：若添兵勇来敌，即不准和。琦相一意要和，竟不敢添兵。文武等再四禀求，密派二百名至五百名为止，夜间偷载渡船，散插各处，毫无济事。

本月十五日，逆夷突率多船，来攻沙角炮台，后面有二千人，用竹梯爬上后山。副将陈连升，曾于山上埋有地雷，将机发动，击死百余人，然不能再发，后队逆夷并汉奸，复拥而进，打至申刻，我兵止六百名，彼有五倍，而火药已竭。彼又用火轮船，舢板船，并汉奸船数十只，绕赴三门口，将师船十只放火烧毁。其船上官兵，或阵亡，或逃命，人心已乱，炮台上已来不及矣。其横档、靖远、镇远、威远各炮台，俱在附近，而各保自己，不能相救，且即欲添兵协济火药，亦须用船，而夷船已横截之矣。

沙角、大角两炮台，均被夺去。可怜连升并其子二人，均被戮数十刀，且刳破肚腹，言之可痛。守备张清龄，外委翟长龄均阵亡。三江营兵死者最多，惠州次之，抚标殊少，大抵死者死，伤者伤，而逃者亦伏不出矣。

关提督尚守镇远，李总兵（按即李廷钰）守威远，马辰、多隆武守靖远，皆不过数百兵，藩篱全不足恃。向来广东门户之紧，总由内河水浅，夷船重笨，不能进来。今自议和以后，兵勇撤去，九月底卸事后，更无人管了。琦相到后，纵汉奸之所为，新遣舢板小船，招集贩烟蜈蚣、快蟹等船数百只，竹梯千余架，此外火箭喷筒之类，照内地制造者，更不可以数计。此次爬沙角后山之人，大半皆汉奸，或冒官衣号衣，或穿夷服，用梯牵引而上。从前七八月间，一面拿汉奸，一面出示，令其杀夷领赏，汉奸密谋动手，鬼子心悸，不敢留汉奸在船，一时几于尽除羽翼矣。后来有人拿鸦片，即碰其钉，有人说汉奸，则曰：汝即汉奸。故此辈全无忌惮，酿成今日之事。

沙角、大角两口既已被占，贼即于山上造屋矣。其小船若闯进三门，则镇口唾手可得，关提、李镇虽在威远等处，而兵单难以拒守。且镇口一失，尽可直逼省城，徒守此三四处炮台，又复何益？众文武佥请大添兵力，而琦相到此田地，尚且恐因添兵而阻和议，各官再四恳求，乃准暗添数百，于夜始渡，官民均极愤愤。

此次失事之后，邓嶰翁作字来请，谓难再坐视，且云此后当无议和之理。因各备一束，遣人赴督署，禀称闻有此事，心甚焦急，特遣人来请安，并请中堂吩咐。据其答云：无话商量。盖其讳疾忌医，尚恐人之知道那事也。闻两日内连赶数信与义律，皆不与人知，而逆夷声称须事事全依，乃能竭手，不然限至十九日，二十日又要动手。关、李专弁请兵，而仅许密发二百，其差官来寓哭诉，据言："提、镇两位在炮台，相向而泣，既无援兵，安得不坐以待毙？"予谓提、镇能以死报国，亦是分所当然，但何以不将此情形透彻一奏，死后亦有申冤之日，即一时不能申冤，后世亦有记载，未知提、镇能见此否？今既无别法，只得看伊和议成否。如和议成，原不过暂解一时，而大事已去，一二年后，不堪设想矣。若和既不成，守御又不许，则省城首受其亏，倘镇口一失，省城便危，到此水尽山

穷，又何所逃也。

十五日打仗之后，义律却用文书与提督，并寄琦相之信，限三日回信，否则再攻。闻琦相业已全许矣。伊全不信任广东官员，凡奏到廷寄，以至发递奏折，乃夷书往来，从不以一字示人，即见司道时，偶然说及，亦不过云夷人求几件事而已。所求何事，则又秘而不宣。此刻已过三日之限，闻挂了白旗，似是和了。顷间又闻挂红白双旗，传言要得新安，不知果否？李总戎跑回，向琦相号啕痛哭，不肯再去。伊亦云："若和议不成，只有一死。"伊既说出此话，是亦知和之不得成矣。而其讳疾忌医，犹可问乎？

此次攻占炮台，在和议数日以后，必不遥接上文，仍谓缴烟而成也。殊不思逆夷前此所以不敢轻犯者，原因防守严密，众志成城，解散汉奸，故不敢狡然思逞也。自奉旨不开枪炮，即被抢去师船。琦相到时，先要究问何人放炮，并云："听得炮台上放一号炮，以致夷人生气，将师船抢去。"如此倒行逆施，懈军心，颓志气，壮贼胆，蔑国威，此次大败，皆伊所卖，岂尚解追溯缴烟之事乎？如尚谓有激而成，则是七百万银，兼之牛、羊、鸡、鸭、水、米之馈而已。若果再为诬枉之言，归咎前事，则止得拼死畅叙一呈，遣人赴都察院呈递，即陷之死地，亦要说个明白也。

本日早晨，督署接到廷寄，琦相即来拜，排闼而入，始知和议忽又不准。此时局势全散，何从收复？琦相仍一意主和，力言不可打仗之故，名为来此面商，实则封钳其口，毋庸与之细说，即使极力与辩，伊必恨我阻其和议，倘以阻挠军情密劾，又安敢尝试乎？现在廷寄内云："当大伸张挞伐。"又云："朕志已定，断无游移。"然后之果否游移，仍属难料。计算上元之内，尚有五个折批回。若一直生怒，则静老亦是覆辙。但恐无人下药，又来抓旧医，此时万无措手之处，较之从前一气作下，难易迥殊霄壤，奈何，奈何！

此次廷寄，此间竟不敢转行，然随处皆有汉奸探听事情，不出数日，自必尽知。倘其再若突来，全无预备，则虎门各炮台火药兵丁均无接援，省垣殊觉可危。琦相现与义律约定，于新正初四日在狮子洋边之莲花城相会，无人敢阻之，想彼此别有心交，不敢相害也。

此次川、楚调兵，难瞒汉奸耳目。况烟价已许于正月先付一百万，此时夷人穷极，必先索讨。此项系令伍商垫给，似亦迫于有旨，不得不然耳。今知有丝毫不准给还之旨，伍商岂肯出钱？而夷人正在要钱以济兵饷，琦相仍无准备，逆夷又必攻打。此时虎门各处兵力既单，兵心全散，再若狼奔豕突，即使省城守住，而新安、香山二县及虎门炮台，均恐唾手而去，祸患正不可测！

新正初三日，琦相赴狮子洋，与义律约于初四日见面。顷知初四日，义律又不肯见，改于初五日辰刻，究尚未知情形何如也。

致 怡 良

道光二十一年正月十九日（1841年2月10日）于广州

昨宵劳勋之余，尚承枉顾，殊抱不安。顷知爵相即赴台辕，自系寄件中有应办之事。兹复就鄙见反复细思，招抚汉奸告示，最为要着，如能会衔即发，似更妥善。至侦拿义律等，却非难事，外间打听此一节者极多，盖澳门烂崽之徒，皆跃跃欲动，以其事之较易也。若烧擒夷船之事，则直无人过问，以其事之倍难也。第逆夷在澳不虑无人往拿，转恐既拿之后，逆夷抵死抗拒，大兵未来，设有挫衄，转为主和者所借口，不得不慎之又慎。鄙意赏格内仍重于拿船而轻于拿人，拿船之赏十万元可谓厚矣，其拿人之赏，似尚可以稍减，且须声明拿送到官，方得领赏，较为明妥，未知卓裁以为然否？昨夕之件，今日自当宣露，亦祈示及。顺请台安不一。

心叩

按昨夕之件，指正月初五日上谕，道光宣布对英作战，以沙角、大角炮台失守，琦善交部严议，关天培摘顶，责令立功。

致沈维𫘧

道光二十一年正月二十七日（1841年2月18日）于广州

受业林则徐敬请夫子大人钧安：

……窃念则徐自戌冬被命而来，明知入于坎窞，但既辞不获免，唯有竭其愚悃，冀为中原除此巨患，拔本塞源。其时外夷震慑天威，将趸船所有鸦片，尽行奉缴，未尝烦一兵、折一矢也。已来之鸦片既缴，则未来者自当禁其复来，故有饬取夷结之令，载明如夷商再带鸦片，人即正法，船货没官。他国皆遵，英夷独抗，其不肯自断后路，固已显然。适有条陈不应取结者，令遂中阻，而奸夷即已窥知内地人心不一，事必鲜终。此后蜃气楼台，随时变幻，造谣者亦如蜂起。犹幸粤疆严备，屡挫夷锋，而杜绝贸易之旨，先从内出。其窜往沿海各省，本在意中。则徐奏请敕下筹防，计已五次，并舟山之图占，天津之图控，亦皆先期探知入告。而浙省乌中丞，并议有防夷五事复奏，大抵议而未行。若直省则亦因前次复奏水师不必设，炮台不必添，迨夷船驶来，恐蹈浙江覆辙，是以别开生面，意在甘言重币，释憾快心，即可乘机而了目前之事，却未计及犬羊之欲无厌，即目前亦不得了也。

今自沙角挫衄之后，夷性益骄，军情益怯，如防已溃，修复綦难。侧闻简帅诘戎，足扬我武，群情引领，如望云霓。然南仲虽奉简书，而魏绛欲谐金石，文武既因而观望，恐鬼蜮即捣其空虚。自顾手无斧柯，偏使身同羁绁，刍献则疑于触讳，葵忧莫解于濒危。何时得放归田，庶令省过杜门，养疴誓墓，乃为万幸。知蒙慈念，谬述苦衷，要不敢为外人道也。……

致李星沅

道光二十二年二月中澣（1842年3月下旬）于祥符工次

万梧先生大兄大人阁下：

……浙事溃败，一至于此，九州铸铁，谁实为之？闻此时惩羹吹齑，不令更有雇募之事，数千里外征调而来之兵，恐已魂不附体，而况不习水土，不识道途，直使逆夷反客为主，其沿途骚扰之状，更不忍闻。大抵民无不畏兵，而兵无不畏贼，事势如此，徒为野老吞声耳。弟于河上蒇工，仍行西戍，忆上年即应就道，缓至今日，又复奚辞？雪海冰山，实非所惮，路途音渺，将时事付诸不见不闻，较之有见闻而莫可如何者，不犹愈乎？此后鱼雁难通，不敢远烦致问，唯遥听隆声盛业，以慰翘怀，但祝寰宇清平，即坡公所云"谪所过一生也得"耳。海上之事，在鄙见以为，船炮水军万不可少，闻当局多有诋此议者，然则枝枝节节，防之不可胜防，不知何以了事！负疚之人，曷敢多所饶舌，知阁下志在澄清，姑妄及之……

馆愚弟则徐顿首

致刘建韶

道光二十四年三月初七日（1844年4月24日）于伊犁

闻石先生年十二兄阁下：

旧腊寄去手书，并贺年禧，计已先登青鉴。今春接读手答，辘辘数百言，陈义高而指事明，绝不为模棱附会语，自非爱人以德，安能直谅如是，钦感佩服，曷可言宣。舟儿之不北行，固已早有定见，唯弟所闻众论颇有不同，故特寓书就正，兹坚之以师训，伊更可以自明。现又欲来伊江换其两弟归去，弟自揣刀环尚早，只可听其前来耳。

承摘示老苏《审势》《审敌》两文，诚沏古沏今之论。《审势》一篇，谓以弱政败强势，当易之以用威，然在先明阿与即墨之辩，而后威惠皆当，则难以一言概之耳。《审敌》一篇，语更真切，晁错为一身谋，则至老泉，实其知己。当老泉著论时，尚未见靖康、绍兴间事，而穷极世变，已先李赵而抉病源，《六国论》意亦同此，至今读之，不禁废书三叹矣。

来教所谓请业之士，近来想更多人，闻杜屏廉使之少君亦在其列，此外更有高才生否？贵邑人文如何，书院果有实课否？诱掖奖劝，乃老斫轮之所优为，当使安定真传复见今日也。令甥郑太史上年曾否考差？今岁复有恩科，吾乡京宦或不至如上科之减色。近来陕省冲繁之席，不调帘差，阁下今年谅亦可以脱然矣。

纸幅数种，俟妥便即当寄缴。先此复谢，藉颂升安不一。

  甲辰谷雨后四日   年愚弟林则徐顿首

致潘锡恩

道光二十四年（1844年）冬于伊犁

忆自河间试院，剪灯一谈，岁月不居，远离又六寒暑矣。弟以瀛壖负疚，绝漠投荒，遂不敢轻修笺牍，然遨闻阁下重持河、淮之节，未尝不以手加额，为朝廷庆得人。良以近年河事愈难，求一殚洽见闻而又勇于任事者，则阁下诚今日之潘乌程矣。乃自上游全黄入湖，年余未能挽正，淮、扬屹屹，水衡不举，则乌程当时尚不至如是掣肘，而阁下今日更为其难，此远人所不能释然于怀，而又不敢尽宣诸口者也。

昨接吴内书，知江左旧僚有欲为弟赎锾之议，阁下慨然以名世为倡。左骖解脱，义重齐婴，特愧弟未能为越石父，闻有斯举，不禁铭心胸而汗项背矣。弟受恩深重，获咎异常，即窜逐终身，亦罪所应得，赎之一字，不敢言，亦不忍言。且马角乌头，皆关定数，唐太宗诗云："待余心肯日，是汝运通时。"况圣心即是天心，放臣依恋之忱，固未尝一日释，亦唯静冀天心之转，敢遽求生入玉门关耶？此事定须中止，不可渎呈。弟已分致诸同人，沥忱辞谢。闻阁下与江翊云书，嘱其妥为斟酌，倍仰识周见到，先得我心，翊云深识鄙怀，亦不肯轻举。至同仁所集之费，弟尚未能一一知之，已托其代为询明，分别归赵。阁下十五年前分赔之款，尚未就清，正弟所代为蹙额，乃犹于涸辙中相濡以沫，使弟何以自安？亦唯谆嘱翊云寄缴台端，感同身受。友朋通财之义，亦视其时，俟阁下得有从容，解推未晚，弟非敢于至爱前稍有客气也。三十年同谱，殆若晨星，白首怀人，只增感喟。此时宣力于朝者，内唯衡畦，外则阁下及晴峰，伏维闳树远猷，以时珍摄为望。兰友急流勇退，可谓哲人知几，此时曾否还都，抑尚留浦上？乞于晤次及通书时，代达鄙念。

魏　源

作者简介

魏源（1794—1857）　字默深，湖南邵阳人。近代文学家、思想家、史学家。鸦片战争后，编写了近代史上具有启蒙价值的国外地理学著作《海国图志》。在文学上，提出"贯经术、政事、文章于一"的主张。同龚自珍一起，开创古文创作"以经术作政论"的风气。作品内容反映了中国近代社会的主要矛盾，歌颂民族英雄，揭露弊政，表达了自己的爱国情怀，发出了要求变革现实的时代呼声。艺术上融自然、历史、哲理于一体，感情激越，爱憎分明。其创作大多是政论文，激昂慷慨，气势磅礴，有撼人心魄的力量。撰有《古微堂集》《海国图志序》《圣武纪》等。

散文

魏源

默觚上·学篇一

学之言觉也，以先觉觉后觉，故莘野以畎亩乐尧、舜君民之道；学之言效也，以后人师前人，故傅岩以稽古陈恭默思道之君。觉伊尹之所觉，是为尊德性；学傅说之所学，是为道问学。自周以前，言学者莫先于伊、傅二圣，君子观其会通焉。

"沈潜刚克，高明柔克"，箕《范》言学，开孔门"贤知过之，愚柔不及"之先也；"敬胜怠吉，义胜欲从"，《丹书》陈道，括《周易》"敬以直内，义以方外"之全也。刚柔克而性不畸，敬义立而德不孤。自孔、孟以前，言学者莫粹于《丹》《范》二谟，君子体诸旦明焉。

同一为仁也，而有好仁恶不仁之分。好仁者以顺入，见善如不及焉；恶不仁者以逆入，见不善如探汤焉。颜、闵氏好仁，曾氏恶不仁；一由高明入中行，一由笃实入高明。《儒行》言"自立"、言"特立"、言"特立独行"者三，言"温良""敬慎""宽裕""孙接""礼节"者各一，故入德则殊而成功则一也。曾皙不禁曾参之狷，曾参不师曾皙之狂，斯圣道之所以庞。

攻他人之异端，不如攻一身之异端。气禀物欲，皆为性分所本无。去本无以还其固有，损之又损以至于无。始而以道德战纷华，既而以中行绳过不及，内御日强，外侮日退，则人我一矣，则自身之异端尽矣。舍己而芸人，夫我则不暇。《礼》不云乎："王中心无为也，以守至正。"

先天无极之说，君子所不道也，周子《通书》未尝及，程子未尝言，而忽有图传世，皆《参同契》坎离交构之象。《礼运》曰："本于大一，分而为天地，转而为阴阳，其降曰命"，故人也者，其天地之德，阴阳之交，鬼神之会，五行之秀气也。"政必本于天，殽以降命"，三代之言天人也如此，岂等于"无极之真，二五之精，妙合而凝"也乎！

《孔子闲居》一篇，深明礼乐之原，与《易系》《中庸》相表里，中人以下不得闻也。无声之乐，无体之礼，无服之丧，极其所至，无至无不至。正明目而视之不可得而见，倾耳而听之不可得而闻，志气塞乎天地，此之谓五至、三无。由是发皆中节，溥博渊泉而时出之，犹天时风雨霜露无非教，地载形气风霆流行无非教焉。其在我者，唯清明在躬，志气如神而已。时行物生，天何言哉！此圣人无言之言也。非子夏下学上达，其孰于闻与斯！与其谭无极谭先天也，曷洗心于斯！

古人言学，唯对勘于君子小人，未有勘及禽兽者。唯孟子始言人禽几希之界，又于鸡鸣善利分舜、跖之界。始知一念之中，有屡舜而屡跖者，有俄人而俄禽者；一日之中，有人多而禽少者，有跖多而舜少者；日在歧途两界之中。去禽而人，由常人而善人，而贤人，而圣人，而人造始尽。呜呼，严矣哉！

古人言学，唯自勘于旦昼，未有勘及梦寐者。唯孟子始言夜气平旦之养，好恶与人几希。始知梦寐者，旦昼之影，梦寐无可用力，用力在旦昼，而功效则必于清夜时验之。故曰："昼观诸妻子，夜卜诸梦寐。"梦觉一则昼夜一，昼夜一而生死一矣。呜呼，密矣哉！

世有两不朽之说：一则曰儒以名教为宗，令闻广誉，美于文绣；千驷之景，不如首阳之薇，故疾没世无称焉。岂知三皇之事，若有若无；五帝之事，若存若灭；三王之事，若明若昧；时愈古则传愈少，其与天地不朽者果何物乎？又有子孙薪传为不朽之说，宗庙享保，气降馨香，虚墓知哀，魂魄仿徨。岂知延陵有言"骨肉归于土，魂气则无不之"乎？

以鬼神为二气之良能者，意以为无鬼也。岂知洋洋在上在左右，使天下齐明承祀，"相在尔室，尚不愧于屋漏"，即后儒"天知、地知、人知、我知"之所本，谓天神知、地祇知也。商人尚鬼神，"乃祖乃父丕告我高后，曰：'作丕刑于朕孙，迪高后丕乃崇降不祥。'"《皋谟》《洪范》之言天，无非以命讨、刑威、祸福、锡咎皆出上帝之祐怒。圣人敬鬼神而远之，非辟鬼神而无之也。如曰"太虚聚为气，气散为太虚，贤愚同尽"，则何谓"原始反终故知死生之说"乎？何谓"精气游魂知鬼神之情状"乎？何必朝闻而夕死？何谓"与鬼神合其吉凶"？何谓"帝谓文王"，"文王陟降，在帝左右"乎？鬼神之说，其有益于人心，阴辅王教者甚大，王法显诛所不及者，唯阴教足以慑之。宋儒矫枉过正，而不知与《六经》相违。《诗》曰："敬天之怒，无敢戏豫；敬天之渝，无敢驰驱。昊天曰明，及尔出王；昊天曰旦，及尔游衍。"

何谓大人之学格本末之物？曰：意之所构，一念一虑皆物焉；心之所构，四端五性皆物焉；身之所构，五事五伦皆物焉；家国天下所构，万几百虑皆物焉。夫孰非理耶性耶，上帝所以降衷耶？图诸意，而省察皆格焉；图诸心，而体验皆格焉；图诸身，而阅历讲求皆格焉；图诸家国天下，而学问思辨识大识小皆格焉。夫孰非择善耶，明善耶，先王所以复性耶？常人不著不察之伦物，异端不伦不物之著察，合之而圣学出焉。日进无疆，宥密皇皇，是为宅心之王。

豪杰而不圣贤者有之，未有圣贤而不豪杰者也。贾生得王佐之用，董生得王佐之体，合之则汉世颜、伊之俦，不善学之，则为扬雄、王通之比。

伊川其圣中之伯夷乎！得其清，并得其隘；康节其圣中之柳下乎！得其知，并得其不恭。使伯夷而用世，其才未必如伊尹；使柳下而用世，其功不亚于太公。

墨子非乐，异乎先生，然后儒亦未闻以乐化天下；是儒即不非乐，而乐同归于废矣。墨子明鬼，后儒遂主无鬼；无鬼非圣人宗庙祭祀之教，徒使小人为恶无忌惮，则异端之言反长于儒者矣。孟子辟墨，止辟其薄葬、短丧、爱无差等，而未尝一言及于明鬼、非乐、节用、止攻，夫岂为反唇角口之《孔丛》，夫岂同草《玄》寂寞之扬雄乎？

万事莫不有本，众人与圣人皆何所本乎？人之生也，有形神、有魂魄。于魂魄合离聚散，谓之生死；于其生死，谓之人鬼；于其魂魄、灵蠢、寿夭、苦乐、清浊，谓之升降；于其升降，谓之劝戒。虽然，其聚散、合离、升降、劝戒，以何为本，以何为归乎？曰：以天为本，以天为归。黄帝、尧、舜、文王、箕子、周公、仲尼、傅说，其生也自上天，其死也反上天。其生也教民，语必称天，归其所本，反其所自生，取舍于此。大本本天，大归归天，天故为群言极。

默觚上·学篇四

一阴一阳者天之道，而圣人常扶阳以抑阴；一治一乱者天之道，而圣人必拨乱以反正；何其与天道相左哉？天左旋，日月五星右转，一经一纬而成文，故人之目右明，手右强，人之发与蛛之网、螺之纹、瓜之蔓，无不右旋而成章，唯不顺天，乃所以为大顺也。物之凉者，火之使热，去火即复凉；物之热者，冰之使凉，去冰不可复热；自然常胜者阴乎！故道心非操不存，人心不引自炽。政教之治乱，贤奸之进退亦然。《诗》曰："天之方虐。""天之方虐。"彼以纵任为顺天者，随其骄而助其虐也，奚参赞裁成之有？

常人畏学道，畏其与形逆也。逆身之偷而使重，逆目之冶而使暗，逆口之荡而使默，逆肝肾之横佚而使平，逆心之机械而使朴，无事不与形逆，矫之，强之，拂之，阏之，其不终败者几希矣。语有之："惩忿如摧山，窒欲如填壑。"乌有终日摧山填壑而可长久者乎？君子之学，不主逆而主复。复目于心，不期暗而自不治矣；复口于心，不期默而自不欺矣，复肝肾于心，不期惩窒而自节矣；复形于心，不期重而自重矣；复外驰之心于内，不期诚而自不伪矣。"帝谓文王，无然畔援，无然歆羡，诞先登于岸。"先登于岸者，先立其大之谓也。"小心翼翼，昭事上帝"，有以立于歆羡畔援之先，夫是故口、耳、百体无不顺正以从其令，夫何逆之有？《诗》曰："不识不知，顺帝之则。"

《易》言惩忿、窒欲，忿亦欲也。忿起于好胜，故好勇好斗与货、色同病，好即欲也。凡不学之人，患莫甚货、色；学道之人，患莫甚好名；而皆起于我见。世儒多谓孟子言寡欲，不言无欲，力排宋儒无欲之说为出

于二氏。不知孔子言无我，非无欲之极乎？"不忮不求，何用不臧"，寡欲之谓也；"无然畔援，无然歆羡，诞先登于岸"，无欲之谓也。彼以寡欲为足，无欲为非者，何足以臧乎？

"《诗》三百，一言以蔽之，曰：思无邪。"曷可以能令思无邪？说之者曰："发乎情，止乎礼义。"呜呼！情与礼义，果一而二，二而一耶？何以能发能收，自制其枢耶？吾读《国风》始《二南》终《豳》，而知圣人治情之政焉；读《大雅》《小雅》、文王、周公之诗，而知圣人反情于性之学焉；读《大雅》《小雅》、文王、周公之诗，而知圣人尽性至命之学焉。呜呼！尽性至命之学，不可以语中人明矣；反情复性之学，不可语中人以下又明矣。是以天祖之颂，止以格鬼神，诏元后，不用之公卿诸侯焉；《大雅》《小雅》乐章，用于两君相见之燕享，不用之士庶人焉。其通用于乡党邦国而化天下者，唯《二南》《豳风》，而无算乐肄业及于《国风》。然则发情止礼义者，唯士庶人是治，非王侯大人性命本原之学明矣。洛邑明堂既成，周公会千有七百国诸侯进见于清庙，然后与升歌而弦文、武，诸侯莫不玉色金声，汲然渊其志，和其情，愀然若复见文、武之身焉。性与天道，贯幽明礼乐于一原，此岂可求之乡党士庶人哉？古之学者，"歌诗三百，弦诗三百，舞诗三百"，未有离礼乐以为诗者。礼乐而崩丧矣，诵其词，通其诂训，论其世，逆其志，果遂能反情复性，同功于古之诗教乎？善哉，管子之言学也！曰："止怒莫若诗，去忧莫若乐，节乐莫若礼，守礼莫若敬，守敬莫若静。外敬内静，能反其性，性将大定。"后世之学诗理性情者，舍是曷以焉！《诗》曰"萧萧马鸣，悠悠旆旌"，动中有静也；"风雨萧萧，鸡鸣膠膠"，幽暗不忘其敬也。

默觚上·学篇五

人知地以上皆天，不知一身内外皆天也。"天聪明自我民聪明，天明威自我民明威。"人之心即天地之心，诚使物交物引之际，回光反顾，而天命有不赫然方寸者乎？"无曰高高在上，陟降厥士，日监在兹"，故圣人之言敬也，皆敬天也，"昭事上帝"，顾諟明命也。"文王陟降，在帝左右"，"帝谓文王"，"丘之祷久"，临在上，质在旁，一秩叙，一命讨，一尔室屋漏，何在而非天？羑里明夷、匡人、桓魋、南子、王孙贾，何一造次颠沛而非天？故观天心者于复，"有不善未尝不知，知之未尝复行也"；观人心者于独，独知独觉之地，人所不睹闻，天地之所睹闻也。至隐至微，莫见莫显。《诗》曰："昊天曰明，及尔出王；昊天曰旦，及尔游衍。"

圣人之瞰天下，犹空谷之于万物也。沉寥之气满乎中，而镗鞳之声应乎外。是故"君子居其室，出其言善，则千里之外应之；出其言不善，则千里之外违之"，居室之于千里，千里之于居室，犹空谷之于万物也。地本阴窍于山川，口耳人之窍，空谷天地之窍，山泽其小谷与！天地其大谷与！曾子曰："实之与实，若胶之与漆；虚之与实，若空谷之睹白日。"人之心其白日乎！人知心在身中，不知身在心中也。"万物皆备于我矣"，是以神动则气动，气动则声动，以神召气，以母召子，不疾而速，不呼而至。大哉神乎！一念而赫日，一言而雷霆，一举动而气满大宅。《诗》曰："命之不易，无遏尔躬。"知天人之不二者，可与言性命矣。

人赖日月之光以生，抑知身自有其光明与生俱生乎？灵光如日，心也；神光如月，目也。光明聚则生，散则死；寤则昼，寐则夜；全则哲，昧则愚。火非此不明，水非此不清，金非此不莹，木石非此则不生成。故

光明者，人身之元神也。神聚于心而发于目，心照于万事，目照于万物。目不能容一尘，而心能容多垢乎？诚能心不受垢如目之不受尘者，于道几矣。回光反照，则为独知独觉；彻悟心源，万物备我，则为大知大觉；自非光明全复，乌能"与天地合德，与日月合明"哉！《诗》曰："我心匪鉴，不可以茹。"又曰："君子万年，介尔昭明。"

《诗》颂文王，一则曰"缉熙"，再则曰"缉熙"。熙者，人心本觉之光明乎！"帝谓文王，予怀明德。"《书》曰："唯我文考，若日月之照临，光于四方，显于西土。"夫岂离人人灵觉之本明而别有光明也哉？"天之生斯民也，使先觉觉后觉"，而觉之小、大、恒、暂分焉。大觉如日，明觉如月，独觉如星，偏觉如燎炬，小觉如灯烛，偶觉如电光，妄觉如磷火。日光，圣也；月光，贤也；星，君子也；燎，豪杰也；灯，儒生也；电，常人也；磷，小黠也。星月借日以为光，灯燎假物以为光，电磷乍隐乍见，有光如无光，岂知光之本体得于天，人人可以为日，可以为月乎？胡为小之而星、燎、灯、烛也，胡为暂之而电光、石火、萤火也？缉熙不缉熙而已。《诗》曰："日就月将，学有缉熙于光明。"

魏源

默觚上·学篇十二

　　天地，是非之域也；身心，是非之舍也；知愚贤不肖，是非之果也；古往今来，是非之场垒也。方隅之士，入主出奴，日相斗战，物而不化，岂知大人殊途共归，百虑一致，无不代行而错明乎？孔、老异学而相敬，夷、惠异德而同圣，箕、比异迹而同仁，四科并出于尼山，九流同宗乎古帝。使孟子而用世，必用杨、墨，不用仪、秦也；韩愈谪潮，宁友大颠，不友俗士也。朱、陆论学，砥砺不遗余力，而南渡来泰山乔岳不为功利术数所汩没者，两相推无异词也。其轨辙不同者，道之并育并行所以大；其同是尧而非桀者，性善秉彝之无二也。孰浑融斯？孰默识斯？孰一神而两化斯？《诗》曰："周道如砥"，"君子所履，小人所视。"

　　柳下圣之和，和之极为不恭，其敝也邻于老；伯夷圣之清，清之极为隘，其敝也邻于杨；伊尹圣之任，任极而殉身救民太过，亦可邻于墨。虽然，老子治天下亦何可得哉！墨子治天下亦何可得哉！柳下、伯夷、伊尹，方以内之圣也；老聃、墨翟，方以外之圣也。唯圣人时乘六龙以御天，潜龙飞跃，无有定在，时惠、时夷、时尹而非惠、夷、尹也；有时似老、似墨、似杨而非老、墨、杨也。"溥博渊泉而时出之"，圣人之治天下，更何可得哉！若夫学者循焉而得其性之所近，即偏至一诣焉，或狷或隘，或狂而不恭，能袪利欲而未能化其气质，已超乡愿倍蓰矣，超少正卯、仪、秦万万矣。胡广中庸，非圣之时也。《诗》曰："鱼潜在渊，或在于渚。"言必渊乎道，渚乎道也。

　　气质之性，其犹药性乎！各有所宜，即各有所偏；非煅制不能入品，非剂和众味，君臣佐使互相生克，不能调其过不及。故气质之性，君子有

不性者焉。仁义礼智，孤行偏发，皆足以偾事。贤智之过，有时与愚不肖相去唯阿，况以利欲济其气质，但有不及无太过乎？今夫迂、厚、刚、介、宽、审，贤者之过也。今世之士，患迂、患厚、患刚、患介、患宽、患审者几何人？患俗、患薄、患柔、患滥、患隘、患恟疏者，则滔滔皆是，求如贤智之过且不可得，矧望其纯德性之用而无气质之偏耶？非学胡匡？非学胡成？《诗》曰："庶人之愚，亦职维疾；哲人之愚，亦维斯戾。"

默觚下·治篇一

人有恒言曰"才情"，才生于情，未有无情而有才者也。慈母情爱赤子，自有能鞠赤子之才，手足情卫头目，自有能捍头目之才。无情于民物而能才济民物，自古至今未之有也。小人于国、于君、于民，皆漠然无情，故其心思智力不以济物而专以伤物，是鸷禽之爪牙，蠚虿之芒刺也。才乎，才乎！《诗》曰："凡民有丧，匍匐救之。"

人有恒言曰"学问"，未有学而不资于问者也。土非土不高，水非水不流，人非人不流，马非马不走。绝世之资，必不如专门之夙习也；独得之见，必不如众议之参同也。巧者不过习者之门，合四十九人之智，智于尧，禹，岂唯自视欿然哉！道固无尽藏，人固无尽益也。是以《鹿鸣》得食而相呼，《伐木》同声而求友。

读《皇皇者华》之诗，喟然曰：为此诗者其知治天下乎！一章曰"周爰咨诹"，二章曰"周爰咨谋"，三章曰"周爰咨度"，四章曰"周爰咨询"。世固有负苍生之望，为道德之宗，起而应事，望实并损者，何哉？以匡居之虚理验诸实事，其效者实不三四；以一己之意见质诸人人，其合者十不五六。古今异宜，南北异俗，自非设身处地，乌能随盂水为方圆也？自非众议参同，乌能闭户造车出门合辙也？历山川但壮游览而不考其形势，阅井疆但观市肆而不察其风俗，揽人才但取文采而不审其才德，一旦身预天下之事，利不知孰兴，害不知孰革，荐黜委任不知孰贤不肖，自非持方柄纳圆凿而何以哉？夫士而欲任天下之重，必自其勤访问始，勤访问，必自其无事之日始，《皇华》之诗知之矣。

自古有不王道之富强，无不富强之王道。王伯之分，在其心不在其迹

也。心有公私，迹无胡越。《易》十三卦述古圣人制作，首以田渔、耒耜、市易，且舟车致远以通之，击柝弧矢以卫之；禹平水土，既制贡赋而奋武鼗；《洪范》八政，始食货而终宾师；无非以足食足兵为治天下之具。后儒特因孟子义利、王伯之辩，逐以兵食归之五伯，讳而不言，曾亦思足民、治赋皆圣门之事，农桑、树畜既孟子之言乎？抑思屈原志三后之纯粹，而亦曰"惜往日之曾信兮"，"国富强而法立"，孔明王佐之才而自比管、乐乎？王道至纤至悉，井牧、徭役、兵赋，皆性命之精微流行其间，使其口心性，躬礼义，动言万物一体，而民瘼之不求，吏治之不习，国计边防之不问；一旦与人家国，上不足制国用，外不足靖疆圉，下不足苏民困，举平日胞与民物之空谈，至此无一事可效诸民物，天下亦安用此无用之王道哉？《诗》曰："监观四方，求民之莫。"

工骚墨之士，以农桑为俗务，而不知浴学之病人更甚于俗吏；讬玄虚之理，以政事为粗才，而不知腐儒之无用亦同于异端。彼钱谷簿书不可言学问矣，浮藻饾饤可为圣学乎？释老不可治天下国家矣，心性迂谈可治天下乎？《诗》曰："民之质矣，日用饮食。"

为治者不专注其大而但事节目，则安危否泰之大端失之目睫矣；用人者不务取其大而专取小知，则卓荦俊伟之才失之交臂矣，故为国家厘细务百，不若定大计一；为国家得能吏百，不若得硕辅一。君子以细行律身，不以细行取人，不以剸剧理繁塞艰巨。国于天地，有与立焉，斯见小欲速之弊袪而百年苞桑之业固也。《诗》曰："出话不然，为犹不远。"

天地之生才也，"予之齿者去其角，两其足者傅之翼"，是以造化无全功，阴阳无全能。以虞廷五臣皆圣人之才，而明刑、教稼、治水、典胄，终身不易其官。吾知孔子用世，必不使游、夏司繁剧而由、求典文章，必不使曾、冉专对使命而宰、赣师保坐论。天地有所不能强，而况于人乎？后世之养人用人也不然。其造之试之也，专以无益之画饼，无用之雕虫，不识兵农礼乐工虞士师为何事；及一旦用之也，则又一人而遍责以六官之职，或一岁而遍历四方民夷之风俗；举孔门四科所不兼，唐、虞九官所不摄者，而望之科举兔册之人。始也桃李望其松柏，继也采胜望其桃李；及事不治，则扪髀而叹天下之无才。呜呼！天下果真无才哉？《诗》曰"螟蛉有子，蜾蠃负之。教诲尔子，式谷似之"，言所用必所养，所养必所用也；又曰"维南有箕，不可以簸扬"，言所用非所养，所养非所用也。

山林之人欲济物，必分己之财；乡间之子欲去弊，必资官之势；不必己财而可以惠物，不藉人势而可以祛蠹者，其唯在位君子乎？操刀而不割，拥楫而不度，世无此蠢愚之人。故君子用世，随大随小，皆全力赴之，为其事而无其功者，未之有也。彼匠穑而我飧之，彼织而我温之，彼狩而我貙之，彼驭而我轩之，彼搆而我帡之，彼赋税商贾而我便之，彼干盾扞卫而我安之。彼于我何酬，我于彼何功？天于彼何啬，于我何丰？思及此而犹泄泄于民上者，非人心也。《诗》曰："彼君子兮，不素食兮！"

默觚下·治篇三

　　三代以上之天下，礼乐而已矣；三代以下之天下，赋役而已矣。然变《风》变《雅》，多哀行役之苦，刺征役之烦，而刺重敛者唯一《硕鼠》，则知井田什一尚存，履亩未税，民唯困役，不困赋焉。春秋以前之诸侯，朝聘而已矣；春秋以后之诸侯，攻战而已矣；然陈、郑介大国之间，受兵无宁岁，而民俗佚治晏如。则知其时车战之制尚存，师行所至，井堙木刊，而无攘臣妾、毁庐之患；且请服则盟，未尝如狄之入卫，财贿牲畜荡然一空焉。春秋以前，有流民而无流寇，春秋以后，流寇皆起于流民，往往觚宗社，痛四海。读《诗》则《硕鼠》"适彼乐郊"，《黄鸟》"复我邦族"，《鸿雁》劳来中泽，未闻潢池揭竿之患，此封建长于郡县者一也。春秋以后，夷狄与中国为二，春秋以前，夷狄与中国为一。读《诗》与《春秋》，知古者名山大泽不以封，列国无守险之事，故西戎、徐戎、陆浑之戎、赤狄、白狄姜戎、太原之戎，乘虚得错处其间。后世关塞险要，尽属王朝，而长城以限华、夷，戎、狄攘诸塞外，此郡县之优乎封建者一也。由前三说观之，五伯者，三王之罪人，中夏之功臣；由后一说观之，七雄、嬴秦者，罪在一时，功在万世。

　　礼乐征伐，先王治世之大物也，自天子出则王，自诸侯出则伯。然王世以礼乐统征伐，故《彤弓》《车攻》《吉日》之诗，虽事主征伐，莫不本礼乐以行之。伯世以征伐统礼乐，故冠裳必载誓盟，聘享无非师捷，虽事邻礼乐，亦莫不参征伐以出之。礼乐胜则纯乎道德，如春风之长万物而不知；征伐胜则纯乎威力，如夏日威天下而不得不循其法。唯其所假犹先王之仁义，故《曹风》思郇伯，《春秋》予桓、文焉。及其衰也，仁义去而诈力独存。于是周虽久王，有礼乐，无征伐，王室声灵不行，徒托重于先王典制名器以羁縻列国。晋之久伯也，有征伐，无礼乐，士鞅、栾黡唯贿是求，厉祈宫成，徒以甲车四千乘恫喝携贰。夏日往而秋霜栗冽，物不能堪，于是裂为七国，为嬴秦，罟天下于冰霜中二百余载，暨西汉文、景而始息。甚哉功利之殃人，而王道不可一日熄乎！三皇以后，秦以前，一气运焉；汉以后，元以前，一气运焉；其历年有远近，即其得于先王维持之道有厚薄。故汉、唐、宋女祸、夷狄、乱臣、贼子迭出而不至邃亡，民生其间，得少休息十余世，披其牒，考其享祚历年之久近，而其所得于道之分数可知也。《诗》曰："泛泛杨舟，绋纚维之，乐只君子，福禄脺之。"

治天下之具，其非势、利、名乎！井田，利乎；封建，势乎；学校，名乎！圣人以其势、利、名公天下，身忧天下之忧而无天下之乐，故褰裳去之，而樽俎揖让兴焉；后世以其势、利、名私一身，穷天下之乐而不知忧天下之忧，故慢藏守之，而奸雄觊夺兴焉，争让之分，帝王之忧乐天下为之也，"天地之大德曰生，圣人之大宝曰位，何以守位曰仁，古：'人''仁'通用，如《论语》'井有仁焉'之'仁'。何以聚人曰财，理财正辞禁民为非曰义。"人所聚而势生焉，财所在而人聚焉，名义所禁遏而治乱生焉。圣人乘天下之势，犹蛟龙之乘云雾，不崇朝雨天下而莫知谁尸其权。大哉神器，亿万生灵之所托命也，而智可暗奸，而力可觊图乎？夫唯使势、利、名纯出乎道德者，可以治天下矣。故曰："天大，地大，道大，王亦大。域中有四大，而王处一篇。"《诗》曰："立我烝民，莫匪尔极。""无此疆尔界，陈常于时夏。"

人者，天地之仁也。人之所聚，仁气积焉；人之所去，阴气积焉。山谷之中，屯兵十万，则穷冬若春；邃宇华堂，悄无綦迹，则幽阴袭人。人气所缊，横行为风，上泄为云，望气吹律而吉凶占之。南阳、洛阳、晋阳、凤阳，今日寥落之区，昔日云龙风虎之地，地气随人气而迁徙也。"天地之性人为贵"，天子者，众人所积而成，而侮慢人者，非侮慢天乎？人聚则强，人散则尪，人静则昌，人讼则荒，人背则亡，故天子自视为众人中之一人，斯视天下为天下之天下。《诗》曰"无竞唯人，四方其训之。"

圣人以名教治天下之君子，以美利利天下之庶人。求田问舍，服贾牵牛，以卿大夫为细民之行则讥之，细民不责以卿大夫之行也；故《国风》刺淫者数十篇，而刺民好利者无一焉。变《雅节南山》《正月》《十月之交》《桑柔》，无非刺姻亚之肬仕，富禄之洽比，徂向之车马，贪人之败类；"如贾三倍，君子是识"，以利为厉戒，而刺好名者无一焉。"国君过市则刑人赦，夫人过市罚一幂，世子过市罚一帟，命夫过市罚一盖，命妇过市罚一帷。""礼、义、廉、耻，国之四维"，故于士大夫则开之于名而塞之于利，于百姓则开之于利而坊之于淫。虽然，"民之秉彝，好是懿德"。中人以上，何必名誉始足劝乎？孔、孟论学，始并名利而兼戒之。首严克伐，次严义利，而无一言及于远色。故曰：刑以坊淫，庶民之事也；命之坊欲，士大夫之事也；礼以坊德，圣贤之治之学也。世之极盛也，使天下以义为利，其次则以民为利。《诗》曰："庶人之愚，亦职维疾；哲人之愚，亦维斯戾。"

强人之所不能，法必不立；禁人之所必犯，法必不行。虽然，立能行之法，禁能革之事，而求治太速，疾恶太严，革弊太尽，亦有激而反之者矣。用人太骤，听言太轻，处己太峻，亦有能发不能收之者矣。兼黄、老、申、韩之所长而去其所短，斯治国之庖丁乎！《诗》曰："伐木掎矣，析薪扡矣。"

魏源

默觚下·治篇七

不知人之短，不知人之长，不知人长中之短，不知人短中之长，则不可以用人，不可以教人。用人者，取人之长，辟人之短；教人者，成人之长，去人之短也，唯尽知己之所短而能去人之短，唯不持己之所长而后能收人之长；不然，但取己所明而已，但取己所近而已。语有之，夜行者前其手，然而桥足也。开明于东，而万有皆烛，其不在穷理乎？《诗》曰："他人有心，予忖度之。"知己知人之谓耶！

度内之事，中人可能；度外之功，非豪杰不能，世俗所谓度外，君子所谓性分内也。天下大事，或利于千万世者，不必利于一时；或利于千万人者，不必利于一夫；或利于千万事者，不必利于一二端；故非任事之难，而排庸俗众议之难。《诗》大小二《雅》言大"猷"者二，言"远猷"者二，言"壮猷"者一。何谓"大猷"？批窾导窾，迎刃而解，棋局一著胜人千百者是也。何谓"远猷"事机出耳目之表，利害及百十年之后者是也。何谓"壮猷"，非常之策，陈汤不奏于公卿；破格之功，班超不谋于从事；出奇冒险，不拘文法，不顾利害者是也。器不弘者不能胜大猷，识不裕者不能烛远猷，识远器大而无雄气胆决者不能具壮猷。壮猷天授，不可学，器识可学而扩焉。彼安常习故之流，所安者目前，所知者陈例，所辟者嫌疑，得不震而疑，同声而挠格者乎？《诗》曰"匪先民是程，匪大犹是经"，叹大犹之难成也；"出话不然，为犹不远"，叹远犹之多阻也。

古豪杰之用世，有行事可及而望不可及者，何哉？同恩而独使人感，同威而独使人畏，同功而其名独震，同位而其势独崇，此必有出于事业

名位之外者矣。有德望，有才望，有清望。晏平仲、柳下惠、汲黯、霍光、羊祜、谢安、高允，其德望欤！子臧、季札、鲁仲连、杨震、李固、杨绾、元德秀，其清望欤！管仲、子产、信陵君、乐毅、贾谊、陈汤、祖逖、姚崇、李德裕，其才望欤！不宁唯是，邓禹、孔融、刘备、刘琨、百战百败，而当时奸雄畏之，豪杰慕之，所至从者如归市，此岂他人可强致者乎？国于天地，有与立焉。以天下之大，宗数百年之培养，而无一二魁垒耆硕之望，足系海内之人心，备国家之缓急，为四夷所詟服者，隐然镇压中外，如乔岳干城之可恃，故国乔木之谓何？《诗》曰"行归于周，万民所望"，国有人之谓也；"洵有情兮，而无望兮"，国无人之谓也。

临大事然后见才之难。何以见其难？曰：难其敏，难其周，难其暇也。事变之来，间不容发，事后追悟，与不悟同。人踌躇旬日始决者，此一见而立决之；人反复数百言不剖者，此片言立剖之；非天下至敏，其孰能与于斯？是非大较可望而知也；利害曲折，非一望可知也。人仅悉其形，此并悉其情；人仅区处目前，此并旁烛未然，若数计而筹卜；非天下至周，其孰能与于斯？震惊百里，匕鬯皆失，竭力应之，事应而力已殚，畴则行所无事，沛若有余者乎？非天下至暇，其孰能与于斯？天下无事，庸人不庸人；天下非多难，豪杰不豪杰。九死之病，可以试医；万变之乘，可以试智。昭烈与曹操，张说与姚崇，料事同而迟速不同，一敏一不敏也；司马懿服诸葛之营垒，亚夫备吴、楚于西北，一周一不周也；王坦之倒笏而谢安赌棋，一暇一不暇也。三者亦出于天，亦成于学；成于学者能睎其敏周，终难睎其暇豫。周公流言东征，《诗》不颂其多才多艺之敏、三吐三握之周，而唯曰："公孙硕肤，赤舄几几。"几几，安也，安即暇之谓也。

有才臣，有能臣，世人动以能为才，非也。小事不糊涂之谓能，大事不糊涂之谓才。才臣疏节阔目，往往不可小知；能臣又近烛有余，远觇不足，可以佐承平，不可以胜大变。夫唯用才臣于庙堂，而能臣供其臂指，斯两得之乎！临大事，决大计，识足以应变，量足以镇猝，气足以摄众，若张良、霍光、庞士元、谢安、陆贽、寇准、韩琦、李纲，其才臣与！理繁剧剧，万夫之禀，一目十行，五官并用，无留牍，无遁情，若赵广汉、张敞、陶侃、刘晏，其能臣欤！至若兼才能而有之，若管仲、子产、萧何、诸葛亮，尤古今不数人也；姚崇、张咏，抑其次也，欲求救时之相，非才臣不可。《诗》曰："訏谟定命，远猷辰告。"

魏源

圣 武 记 叙

　　荆楚以南，有积感之民焉，距生于乾隆征楚苗之前一岁，中更嘉庆征教匪、征海寇之岁，迄十八载畿辅靖贼之岁始贡京师，又迄道光征回疆之岁，始筮仕京师。京师，掌故海也，得借观史馆秘阁官书及士大夫私家著述、故老传说，于是我生以后数大事及我生以前上迄国初数十大事，磊落乎耳目，磅礴乎胸臆。因以溯洄于民力物力之盛衰，人才风俗进退消息之本末。晚侨江、淮，海警飙忽，军问沓至，忾然触其中之所积，乃尽发其椟藏，排比经纬，驰骋往复，先取其涉兵事及所论议若干篇，为十有四卷，统四十余万言。告成于海夷就款江宁之月。

　　乃敬叙其端曰：天地以五行战阴阳，圣人饬五官则战胜于庙堂。战胜庙堂者如之何？曰圣清尚矣。请言圣清以前之世：今夫财用不足，国非贫，人才不竞之谓贫；令不行于海外，国非羸，令不行于境内之谓羸。故先王不患财用而唯亟人才，不忧不逞志于四夷，而忧不逞志于四境。官无不才，则国桢富；境无废令，则国柄强。桢富柄强，则以之诘奸，奸不处；以之治财，财不蠹；以之搜器，器不窳；以之练士，士无虚伍。如是，何患于四夷，何忧乎御侮！斯之谓折冲于尊俎。

　　尝观周、汉、唐、宋、金、元、明之中叶矣，瞻其阙，夫岂无悬令？询其廷，夫岂无充位？人见其令雷行于九服，而不知其令未出阶闼也；人见其才云布乎九列十二牧，而不知其槁伏于灌莽也。无一政能申军法，则佚民玩；无一才堪充军吏，则敖民狂；无一事非耗军实，则四民皆荒。佚民玩则画箠不能令一羊，敖民狂则蛰雷不能破一墙，四民皆荒。然且今日揖于堂，明日觞于隍，后日朓于藏，以节制轻桓、文，以富强归管、商，以火烈金肃议成汤,奚必更问其胜负于疆场矣。

《记》曰:"物耻足以振之,国耻足以兴之。"故昔帝王处蒙业久安之世,当涣汗大号之日,必虩然以军令饰天下之人心,皇然以军食延天下之人才。人才进则军政修,人心肃则国威遒,一喜四海春,一怒四海秋。五官强,五兵昌,禁止令行,四夷来王,是之谓战胜于庙堂。是以后圣师前圣,后王师前王,师前圣前王,莫近于我烈祖神宗矣。《书》曰:"其克诘尔戎兵以陟禹之迹,方行天下,至于海表,以觐文王之耿光,以扬武王之大烈。"用敢拜手稽首作《圣武记》。

道光洋艘征抚记（上）

道光十八年四月，鸿胪寺卿黄爵滋奏言："敬筹国计，宜防漏卮。近年来各省漕赋之疲累，官吏之亏空，商民之交困，皆由银价昂，钱价贱。向时纹银每两兑钱千，今则每两兑至千有六百，其洋钱价亦因之遽长，而银少价昂之由，由于粤东洋船鸦片烟盛行，致纹银透漏出洋，日甚一日，有去无返。此烟来自英吉利，洋人严禁其国人勿食，有犯者以炮击沉海中，而专诱他国，以耗其财、弱其人。既以此取葛留巴，又欲以此诱安南，安南严令诛绝，始不入境。今则蔓延中国，横被海内，槁人形骸，蛊人心志，丧人身家，实生民以来未有之大患，其祸烈于洪水猛兽。积重难返，非雷厉风行，不足振聋发聩，请仿《周官》用重典，治以死罪。"诏各省将军督抚会议速奏。时中外覆奏，皆主严禁。唯湖广总督林则徐，所奏尤剀切。言："烟不禁绝，国日贫，民日弱，十余年后，岂唯不可筹之饷，抑且无可用之兵。"上谓为深虑远识之言，诏林则徐来京面受方略，以兵部尚书佩钦差大臣关防，驰赴广东查办海口，节制水师。

初，鸦片烟在康熙初，以药材纳税，乾隆三十年以前，每年多不过二百箱。及嘉庆元年，因嗜者日众，始禁其入口。嘉庆末，每年私鬻至三四千箱。始积澳门，继移黄埔。道光初严禁，复移于零丁洋之趸船。零丁洋者，在老万山内，水路四达，为中外商船出入所必由，洋艘至，皆先以鸦片寄趸船，而后以货入口。凡闽、浙、江苏商船，即从外洋贩运，其粤商则皆在口内议价，而从口外运入。始趸船尚不过五艘，其烟至多不过四五千箱，可筹火攻，而总督阮元密奏，请暂事羁縻，徐图驱逐，于是因循日甚。其突增至二十五艘，烟二万箱者，则在道光六年，两广总督李鸿宾设巡船之后，巡船每月受规银三万六千两，放私入口。前此定例，互市以货易货，不准纹银出洋，洋商岁补内地货价银四五百万圆。逮后则但有外补洋烟之价，绝无内补货价。于是援例影射，藩篱溃决。

及道光十二年，总督卢坤始裁巡船，而水师积习已不可挽。道光十七年，总督邓廷桢复设巡船，而水师副将韩肇庆，专以护私渔利，与洋船约，每万箱许送数百箱，与水师报功，甚或以师船代运进口。于是韩肇庆反以获烟功保擢总兵，赏戴孔雀翎。水师兵人人充橐，而鸦片烟遂至四五万箱矣。京卿中有奏请将鸦片烟照药材收税者，不报。十九年正月二十五日，林则徐驰驿抵粤，传洋商伍怡和，索历年贩烟之洋商查顿、颠地，时查顿已闻风先窜，唯颠地随英吉利公司领事义律由澳门至省城洋馆。林则徐派兵役监守之，并于省河之猎得炮台，筏断来往，谕令将零丁洋二十五艘之烟土，勒限呈缴，免其治罪，否即断薪水，停贸易。又以禁烟事宜策问书院士子，皆以水师包庇贩私对。于是奏革水师总兵韩肇庆之职，终以邓廷桢所保，不能尽正其罪。

公司领事者，英吉利国王所派洋官，司贸易者也。他国皆洋商各自贸易，唯英吉利别有公司，皆通国富商，合资银三千万圆，而国王派领事一员总管之，凡与中国官吏抗衡桀骜，皆领事所为，故他国如中国磋务之散商散轮，而公司则犹磋务之总商整轮也。初议三十年为一局，继展限六十年。道光十三年，公司局散，粤中已无领事，此洋务第一转机。

而总督卢坤初至广东，未悉利害，听洋商言，反行文英吉利国，令仍派领事来粤。初至者曰律劳卑，即以兵船闯入虎门构衅，勒令归国。

再至者即义律，在粤三载。至是既被围省馆，不能回澳，始于二月十二日具印禀遵缴，并将驶往东洋之烟船尽驶回粤，共缴鸦片烟二万二百八十三箱，计每船大者千箱，次者数百箱，每箱百有二十斤，共二百三十七万六千馀斤。林则徐会两广总督邓廷桢，亲驻虎门验收，以四月六日收毕，每箱约赏茶叶三斤，其烟土请解京师，诏即在海口销毁，毋庸解京，俾沿海民人共见共闻，咸知威詟。林则徐会同督抚，于虎门监视销毁，就海滩高处，周围树栅，开池浸涪，投以石灰，顷刻汤沸，不爨自然，夕启涵洞，随潮出海。

其鸦片共四种：最上曰公斑土，白土次之，金花土又次之，每箱四十枚；又有小公斑土，尤贵。皆产于东印度之孟阿拉，南印度之孟迈及曼达刺萨，其印度洋埠发票，有每月发至万有二千余箱者，虽间售南洋各国，而中国居其大半，岁不下五六万箱。其烟在印度本地每箱值价银二百五十圆，至广东则价银五六百元，为利一倍。其烧毁资本银五六百万圆，并利银共千馀万圆。

时有各国洋商闻风来观，作文纪事，颂中国之政。林则徐下尽逐外洋之趸船与澳门之奸商，不许逗留内地。其续至商船，有鸦片者，倘自揣不敢报验，既日回国，亦免穷追。其进口之船，均应具结：有夹带鸦片者，船货没官，人即正法。其令过严，已非律载蒙古化外人犯杀罪准其罚牛抵偿之例。时西洋弥利坚诸国，皆遵具结，于是义律由省下澳，禀言趸船贩烟之弊，极须设法早除，如委员来澳会议章程，可冀常远除绝，并禀请准本国货船泊卸澳门。此洋事第二转机。

林则徐以澳门向例，唯准设西洋额船二十有五艘，若英人援此例，不入黄埔，则海关虚设，而私烟夹带，何从稽察，严驳不许。义律言不准泊澳，便无章程可议，因不受所赏茶叶，不肯具结，言必俟奉国王命定章程，方许货船入口。时义律已寄信附货船回国，往返不过半年，原可少需毋迫也。而五月内，复有尖沙嘴洋船水手殴毙村民林维喜之事。谕义律交出人犯抵罪。义律拘讯黑夷五人，未获正犯，悬赏购告犯之人，亦非故意抗违也。

七月，林则徐与邓廷桢遵例禁绝薪蔬食物入澳，并以澳门寓居洋人，原为经理贸易，今既不进口贸易，即不应逗留澳门，义律率其眷属及在澳英人五十七家，同迁出澳，寄居尖沙嘴货船。于是义律始怨，暗招洋埠兵船二艘来粤，又择三大货船，配以炮械，赴九龙山，假索食为名，突开炮攻我水师船。我参将赖恩爵挥兵发炮，击翻双桅洋船一，杉板船二，及英人所雇吕宋趸船一。八月，义律遂托澳门西人，代为转圜，愿将趸船奸商，尽遣回国，其货船亦愿具结，如有夹私者，船货充公，唯不肯具"人即正法"四字。此粤事第三转机。

而林则徐以与各国结不画一，必令书"人即正法"之语，且责缴凶犯。旋有英国二货船,遵式具结,于九月晦入口,而义律遣二兵船阻之,且禀请毋攻毁尖沙嘴之船,以俟国王之信。水师提督关天培以凶犯未缴,掷还其禀。时我师船五艘在洋弹压,彼见前禀不收,且我师船红旗,即发炮来攻。盖西人号令,红旗进战,白旗止战也。关天培开炮应之,击断洋船头鼻,西兵多落海死。十月初,又回攻我尖沙嘴迤北之官涌山炮台,不克。洋船恐我乘夜火攻,又水泉皆下毒,无可汲饮,遂宵遁外洋。前此九龙山之战,奏奉批谕有"不患卿等孟浪,但患过于畏葸"之语。十一月初八日诏曰:"英吉利自禁烟之后,反复无常,若仍准通商,殊非事体,至区区关税,何足计论?我朝绥抚外人,恩泽极厚。英人不知感戴,反肆鸱张,是彼曲我直,中外咸知。自外生成,尚何足惜?其即将英吉利贸易停止。"且于原奏中"洋船遵法者保护之,桀骜者惩拒"之语,批谕云:"同是一国之人,办理两歧,未免自相矛盾。"此因禁烟而并断英人贸易之本末也。

上又以大理寺卿曾望颜之奏,欲封关禁海,尽停各国贸易,交两广大吏议奏。林则徐力陈不可,且言各国不犯禁之人,无故被禁,必且协力谋我,始寝前议。自封港以后,英商货船先后至者二三十艘,皆不得入口,人人怼怨。于是义律于十一月复遣人禀言,在粤办事多年,实欲承平,今诸事扰乱,心多忧虑。自后请遵照《大清律》办理,而无违国王之法,乞仍许英人回居澳门,俟国王谕至,即开贸易。此粤事第四转机。

而林则徐以新奉谕旨,不便骤更,复严斥坚绝。其国货船,先后起椗扬帆,驶出老万山者十馀艘,并续至之艘,多观望流连,寄泊外洋不肯去。而粤洋渔船蛋艇亡命之徒,贪薪蔬之厚值,并以鸦片与之交易,趋者如鹜。时林则徐已奉命总督两广,与水师提督关天培密筹,师船未可遽出大洋,不如以毒攻毒。遂招募渔艇、蛋户,授以火船,领以弁兵,于二十年正月,先赴各岛屿潜伏,约俟月晦夜,乘退潮往,乘长潮还。游击马辰等四路分进,出其不意,突攻之于长沙湾,烧毁运烟济夷匪船共二十三,岸上篷寮六,生擒奸民十余,焚溺死者无数。洋船带火,仓皇开避,我兵勇乘潮急还,无一伤者。是时吸烟罪绞、贩烟罪斩之律已颁,一年有六月之限期已半,各省查办日严,纷纷戒食者,已十之五六。而英吉利国中闻

广东罢市之信，各埠茶叶，皆囤积不肯出售，市价踊贵，我闽、粤贩茶之商船，赴南洋者，皆倍利而返。其伦敦国都银肆，无银转输，至借邻埠之银钜万，以供支发。义律已回国请兵，时女王令国人会议，其文武官皆主战，其贸易商民皆不欲战，连日议不决。最后拈阄于罗占士神庙，三得战阄，始决计。国王命其外戚伯麦为统帅，率兵船十余，加以印度驻防兵舰二三十艘。二十年四月，林则徐奏闻，尚有"以逸待劳，以主待客，彼何能为"之谕。五月初九夜，林则徐又遣兵船于磨刀外洋，以火船烧毁杉板洋船二，毙白洋人四。又有大洋船桅帆着火，弃桡驾逃，先后延烧大小匪艇十有一，擒获汉奸十有三。五月，英国大小兵船十二，并车轮火船三，先后至粤，泊金星门，其馀尽泊老万山外。林则徐又以火船十艘，每二艘纽以铁索，乘风潮攻之，洋船皆急驶避，仅焚其杉板小船二，而英人自是不敢驶近海口。

林则徐自去岁至粤，日日使人刺探西事，翻译西书，又购其新闻纸，具知西人极藐水师，而畏沿海枭徒及渔船、蛋户。于是招募丁壮五千，每人给月费银六圆，赡家银六圆。其费洋商、盐商及潮州客商分捐。又于虎门之横档屿设铁链木筏，横亘中流。购西洋各国洋炮二百馀位，增排两岸。又雇同安米艇、红单船、拖风船，共备战船六十。又备火舟二十，小舟百余，以备攻剿。并购旧洋船为式，使兵士演习攻首尾、跃中舱之法。使务乘晦潮，据上风，为万全必胜计。林则徐亲赴狮子洋校阅水师，号令严明，声势壮甚。至是又下令，每杀白洋人者赏银二百圆，黑洋人半之，斩首逆义律者银二万圆。其下领兵头目，以次递降，获兵艘者，除火药炮械缴官外，余尽充赏。于是洋船之汉奸，皆为英人所疑忌，不敢留，尽遣去。

其近珠江之内河，在澳门西、虎门东者，尽以重兵严守，其余海口多礁浅，非洋船所能入。洋船至粤旬月，无隙可乘，遂乘风窜赴各省。是月洋船三十一艘赴浙江，先以五艘攻福建厦门，时水师提督陈阶平，先朝告病，总督邓廷桢督金厦兵备道刘耀春炮中其大兵船火药舱，沉之。又募水勇数百，伪装商舟，出洋攻之于南澳港。是夜无风，洋艘不便驶避，且舵尾无炮，我舟低，又外蔽皮幂，铳弹不能中，遂坏其舵尾，掷火罐喷筒，歼其夷兵数十，会风起，夷艇始窜遁。六月，全艘赴浙江，攻定海，陷之，总兵张朝发中炮折股，旋死。其分出之船，游弋闽、粤，时时窥伺。七月，洋船突攻澳门后之关闸，我守兵炮沉其数小舟，伤其洋目、洋兵数十。八月，林则徐侦洋帅士密之兵船五艘在磨刀洋，遂遣副将陈连升、游击马辰等，率五兵艘出洋剿之。每艘兵六百，马辰先遇洋帅之船，即乘上风攻之，炮破其头鼻，船欹兵溺，围攻良久，洋船弹已尽，仅放空炮。于是他船以小舟十余来攻马辰之船，而洋帅之船，乘我兵与他舟相持，既乘间窜遁，捞获死尸十余，及军器帅旗入奏，遂奉贪功启衅杀人灭口之严旨。盖自定海失守后，浙江巡抚乌尔恭额、提督祝廷彪束手无策，朝廷以定海孤悬海中，非海道舟师不能恢复，而水战又洋艘所长，且承平日久，沿海恐其冲突，又有蜚语上闻。言上年广东缴烟，先许价贾，而后负约，以至激变者。又有言邓廷桢厦门军报不实者。七月，命两江总督伊里布为钦差大臣，赴浙江、宁波视师，且敕沿海督抚，遇洋船投书，即收受驰奏。又命侍郎黄爵滋、祁寯藻赴福建查勘。适七月洋酋伯麦及义律以五艘驶赴天津投书。书乃共国巴厘满衙门寄大清国宰相之词，多所要索，一索货价，其初次来书，尚不敢显言烟价，但以货价为名，及见内地复书，不及禁烟之事，后遂显索烟价矣。二索广州、厦门、福州、定海、上海为市埠，三欲共放体平，四索犒军费，五不得以外洋贩烟之船贻累岸商，六欲尽裁洋商浮费。直隶总督琦善收书奏闻。是时洋兵艘并未北上，志在求款通商，尚未决裂，使控驭得宜，盟约立就。

天津巡道陆建瀛言，洋人所求，前三事大，后三事小，请以免税代烟价，以澳门为市埠，以海关监督与之平行，但必严持禁烟为名。以鸦片烟之至不至，决数事之许不许。其通商裁费事宜，则令仍回广东与林则徐定议，既可服外人之心，亦不失中国之体。此粤事第五转机。

而任事者，以为在津速结则功小，不如张之使大，遂一切不决许，且于复书中，即言上年广东缴烟，其中必有多少曲折，将来钦派大臣，前往查实，不难重治林则徐之罪。诏以琦善为钦差大臣，赴粤查办，革林则徐、邓廷桢之职，留粤听勘，并劝沿海各省，不得开炮。八月，洋船自天津起椗，以中国无决允之语，不肯归我定海，唯撤兵船之半赴广东。先是

林则徐奏言："自六月以来，各国洋船愤贸易为英人所阻，咸言英人若久不归，亦必回国各调兵船来与讲理，正可以敌攻敌，中国造船铸炮，至多不过三百万，即可师敌之长技以制敌。此时但固守藩篱，即足使之自困。若许臣戴罪赴浙效力，必能殚竭血诚，克复定海，以慰圣廑。"不报。九月，义律回浙，入见伊里布于镇海城，索俘酋安突德。及七月间。余姚知县汪仲洋陷软沙之洋舟及黑白夷数十人，至是索之，不果而去。伊里布遣其奴张喜赴洋船馈牛酒，首贺以林、邓革职之事，洋酋伯麦摇首曰："林公自是中国好总督，有血性，有才气，但不悉外国情形耳！断鸦片可，断一切贸易不可。贸易断则我国无以为生，不得不全力以争通商，岂仇林总督而来耶？"

是时直隶、山东争以敌情恭顺入告，山东巡抚托浑布遣人馈洋船归，至有各人向岸罗拜之奏，而广东裁撤水师之船，已半途被掳去矣。署总督怡良奏闻，而十月琦善至广东，查上年义律先后缴烟印文，欲吹求林则徐罪不可得，则首诘劫船之役，何人先开炮，欲斩副将以谢之，而兵心解体矣。撤散壮丁数千，于是水勇失业，变为汉奸，英人抚而用之，翻为戎首矣。撤横档水中暗桩，屡会义律于虎门左右，洋船得以探水志，察径路，而情形虚实尽泄矣。听盐运使王笃之言，尽屏广东文武，专用汉奸鲍鹏，往来传信。其人故奸人颠地之嬖僮，义律所奴视，益轻中国无人矣。义律与琦善信云："若多增兵勇来敌，即不准和。"于是已撤之兵，不敢再调。凡有报缉汉奸者，则诃曰："汝即汉奸。"有探报洋情者，则拒曰："我不似林总督，以天朝大吏，终日刺探外洋情事。"一切力反前任所为，谓可得外洋欢心。而敌人则日夜增造杉板小船，招集贩烟之蜈蚣艇、蟹艇数百，此外火箭、喷筒、竹梯攻具，增造不可数计。水师提督关天培密请增兵，琦善唯恐其妨和议，固拒不许，赏洋商烟价银七百万圆，而其心必欲索埠地。琦善前以厦门及香港二地商之邓廷桢，廷桢言厦门全闽门户，不可许；香港鼎峙，为粤海适中之地，环以尖沙嘴、裙带路二屿，藏风少浪，若令英人筑台设炮，久必窥伺广东。琦善既据以奏闻。至是不能自背前奏，又无以拒义律之求，笔舌往反，终无成议。义律遂乘其无备，于十二月五日突攻沙角、大角炮台，乃虎门外之第一重门户也。副将陈连升守之。连升久历川、楚戎行之老将，兵止六百，洋船炮攻其前，而汉奸二千余，梯山后攻其背，陈连升于后山埋地雷，机发，轰死百余贼，而不能再发。贼后队复拥上，众五倍于我，我兵以扛炮前后歼二三百，而火药已竭。贼火轮杉板船，又绕赴三门口，焚我战舰，水师兵或溃或死，其横档、靖远、威远各炮台，仅能自保，且俱隔于洋船，不能相救。陈连升父子战死，贼遂据沙角、大角两炮台。时提督关天培、总兵李廷钰、游击马辰等，尚分守镇远、威远、靖远各炮台，兵各仅数百，相向而泣。天培遣廷钰回至省城，哭求增兵，阖省文武亦皆力求，琦善置不问，唯连夜作书令鲍鹏持送义律，再申和议，于烟价外复以香港许之，并归浙江俘人，以易定海城。琦善与立契约，遂于正月赴虎门宴义律于狮子洋。既而正月杪批摺回，不允，于是事复中变。

初，琦善之陛辞也，奉面谕以英人但求通商则已，如要挟无厌，可一面羁縻，一面防守，一面奏请调兵，原未令其撤防专款也。及逆党攻陷炮台，大肆猖獗，上震怒。于是有"烟价一毫不许，土地一寸不给"之旨，并调四川、贵州、湖南、江西兵赴剿，命林则徐、邓廷桢随同办理洋务。然琦善不与林则徐商议一事，且洋人和议已绝，尚不许关天培增兵为备，而彼则号召日多，器械日备，凶焰百倍于前矣。

二十一年正月七日，下诏暴逆人罪恶，特命宗室奕山为靖逆将军，湖南提督杨芳、户部尚书隆文为参赞大臣，声罪致讨。命刑部尚书祁𡎴赴江西总理兵饷。杨芳方入觐，行至安徽，奉命先往。二月十三日，驰至广东，而英人已于二月五日，乘风潮连破横档炮台、虎门炮台，提督关天培死之矣。虎门各隘所列大炮三百余门，并林则徐上年所购西洋炮二百余门，皆为敌有。湖南兵千余新到，琦善仓卒既遣御之乌涌，甫交绥，粤兵先走，湖兵且战且退，后阻四河，溺死者半，提督祥福又死之矣。

广东省河广阔，唯东路二十里之猎得、二沙尾，西南十五里之大黄滘，河面稍狭，可以扼守。杨芳相度形势，使总兵段永福率千兵扼东南十馀里之东胜寺，为陆路三面咽喉，然其地距河五六里，不能扼贼水路，又使总兵长春以千兵扼大黄滘后五里之凤凰冈，唯筑濠垒，横木筏，未沉石下木桩，洋船可闯而过也。其猎得及二沙尾，虽沉船塞石，而无兵炮守御，敌

魏源

船至，可拔而除之也。英初慑杨芳宿将威名，又未悉内河虚实，使白洋人持书至凤凰冈议款，从以汉奸，沿途探水。总兵长春收书送城中待报，任汉奸导白洋人遍历营垒，尽得虚实，归报无备。于是分路深入，破凤凰冈营，进攻东西炮台、海珠炮台，尽扼猎得、大黄滘两咽喉矣。

时琦善已革去大学士，拔去孔雀翎，而怡良复以英人香港伪示奏呈，有："尔等既为大英国子民，自应顺之。"于是上益震怒，籍琦善家产，锁逮来京。英人见朝廷赫怒，局势大变，恐和议永绝，且洋船兵费浩大，急欲通商以济饷，各国商船罢市久，亦皆咎之，乃于二十六日，托弥利坚国头目与洋商伍怡和调停，递书言如欲承平，不讨别情，但求照旧通商，如有私夹鸦片者，船货入官。盖并琦善所许之烟价、香港，皆不敢求矣。杨芳谕令退出虎门，义律言俟奉通商之旨，兵船即退。是月杨芳、怡良奏闻，是时门户已失，贼入堂奥，兵溃民散，炮械俱乏，舍暂款无一退敌缓兵之策，而烟价埠地，皆不索，亦足申朝廷折冲樽俎之威，与琦善未逮之前，情形迥异。是粤事第六转机。

而杨芳正月初行至江西时，闻粤中和议将定，先为给嶴堆货之奏，以遥附琦善，固已不取信于上。及是再奏，又不陈明粤中开门揖盗，自溃藩篱，非权宜不能退贼收险，以屈为伸之故；与目前洋人震慑天威，国体已振，势机大转，不可再失之故；及与将来守备已固，如再鸱张，立可剿办之故；但影响吞吐其词。上以其毫无方略，未战先抚，非命将出师本意，不许。是时定海之洋船亦至广东，共五十大艘，半泊香港，半入虎门，舳舻相接，遍树出卖鸦片之帜。将军奕山行至江西，以各省兵炮攻具未集，暂驻韶州以俟。三月二十三日，奕山、隆文及新任总督祁𡎴，并抵广州。奕山问计于杨芳、林则徐二人，皆言寇势已深，而新城卑薄，无险可守，宜遣人计诱洋船退出猎得、大黄滘之外，连夜下桩沉船，岸上速垒沙城，守以重兵大炮，为省城外障。俾西人不能制我之命，而后调集船炮、兵勇，以守为战。俟风潮皆顺，苇筏齐备，再议乘热火攻，庶出万全。

是月，林则徐复奉驰赴浙江军营之命，盖去冬浙闽总督颜伯焘、浙江巡抚刘韵珂、署两江总督裕谦，先后密疏，陈林则徐、琦善守粤功罪。至是裕谦奉命赴浙代伊里布为钦差大臣。故上命林则徐以四品京堂驰往会办，以防英人败窜赴浙，而是时英人方据省河咽喉，我兵实无胜算，且攻具未齐，所募福建水勇千人未至，近募香山、东莞水勇三千亦未集。杨芳不欲浪战，奕山初至，亦然之。既而惑于翼长、随员等之言，以不战则军饷无可开销，功赏无由保奏，急欲侥幸一试，遂不谋于杨芳，即以四月朔夜半，三路突攻洋船。一屯西炮台外出中路，一由泥城出右路，一屯东炮台出左路，日暮兵已出城，奕山始诣杨芳卜休咎。杨芳大怒，拔剑忿诉，而兵已不可挽。时水勇木筏未集，先用四川馀丁充水勇者四百，广州水勇三百，乘小舟携火箭、火弹，喷筒，分路埋伏，闻炮齐起，以长钩钩其船底。是夜又值逆风，炮破其二桅大船二，杉板小船五，其被小舟围焚遁免之大船一，火轮船一，溺洋人数百，义律自洋馆登舟窜免。其洋馆中货，为四川、湖南兵掳掠一空，并误伤弥利坚数人，甫黎明而洋人大集，反乘顺风，我兵退走。广州城三面临河，街市鳞栉，繁丽甲南海，至是火光烛天，以及泥城港内，所备攻敌之木筏材料数百，油薪船三十馀艘，皆为敌人火轮船及汉奸所烬。其筏材皆运自广西，费以数十万计。越三日，义律投书约诘朝大战，至期敌船环攻城东西南三面，佛山运至新铸八千斤大炮，本洋人所畏惧，而位置不得地势，依山者高出水面，依水者四面受敌，炮架不能运转取准。奕山用文吏李湘芬、西拉本为翼长，将各省之兵，互调分配，各离营伍，兵将皆不相习，溃走则互相推诿，所发盐菜口粮，厚薄不均。祁墳又吝费，令十五兵共一帐房，拥挤无纪律，各择便利，掳取货物。奕山又尽派重兵于东南二路，而西北泥城后路无守备。于是天字炮台及泥城及四方炮台，一日皆失。

守天字炮台者段永福，守泥城者副将岱昌与参将刘大忠，守四方炮台者总兵长春。天字炮台上八千斤大炮，未及一放，即为洋人锢以铁钉。四方炮台者，在城北后山之顶，俯视全城，国初王师攻围广州，半载不能破，及夺后山，置炮俯击，始陷之。乃攻城之利，守城之害也。早当拆毁，而阻上山之径，乃官兵反设炮其上，已为失策。且其地距水次十余里，层崖峭径，一夫扼险可拒。敌自破泥城后，绕东而北，沿途官兵，无一阻截。至山下仅百余人，而守台兵望风争窜，陨崖坠死无数。洋兵唾手而得险要，连夜于台下筑土城，运火药，于是阖城军民，如坐瓮中，而听穿上之下石矣。

将军、参赞不斩一逃将逃兵，反开城纳之，连日城外之火箭炮弹，与四方台上之炮声，如电如雷，昼夜不息。幸大雨盆注，其箭弹非坠池塘，即坠空地，无一延燎。内城贮火药二万斤，汉奸以火箭火弹射之，亦为雨所灭，唯内城尚高厚，而外城低薄，女墙卑于甍脊，人无固志。第七日，洋兵遂并力专攻城东南隅，若知将军、参赞皆居东南者，箭弹入贡院，椽甍皆破。诸帅避入巡抚署，面无人色，议使广州知府余保纯，出城讲款。义律立索军饷银六百万圆，烟价在外，香港再议，限五日内交银，且约将军及外省兵先出省城，洋船始退出虎门。将军等一切允之，城上改树白旗，先令洋商出二百万圆，余于藩库、运库、海关库发给，会奏请罪，而烟价及香港亦未入奏云。

十三日，四方炮台洋兵下山回船，义律既促将军、参赞离城。十六日。奕山、隆文退兵屯金山，离省河数十里，先撤回湖南兵，唯杨芳仍留广州弹压。隆文于讲和时，即愤恚成疾，及抵金山，不数日即卒。初，将军、参赞之至粤也，屡奏粤民皆汉奸，粤兵皆贼党，故远募水勇于福建，而不用粤勇。官兵擒捕汉奸，有不问是非而杀之者。粤民久不平，而英人初不杀粤民，所获乡勇皆释还，或间攻土匪，禁劫掠，以要结民心。故虽有擒斩敌人之赏格，无一应命。当洋兵攻城，居民多从壁上观。会南海义勇为湖南兵诬杀，义勇大哗，数百人拥入贡院，搜兵报复，兵皆鼠窜。将军、参赞摘段永福翎顶慰解之，始散。而洋兵亦日肆淫掠，与粤民结怨，及讲和次日，洋兵千余自四方炮台回至泥城淫掠。于是三元里民愤起，倡议报复，四面设伏，截其归路，洋兵终日突围不出，死者二百，殪其渠帅曰伯麦、霞毕，首大如斗，夺获其调兵令符、黄金宝轨，及双头手炮。而三山村亦击杀百余人，夺其二炮及枪械千。义律驰赴三元里救应，复被重围，乡民愈聚愈众，至数万。义律告急于知府余保纯。是时讲和银尚止送去四分之一，又福建水勇是日亦至，倘令围歼洋兵，生获洋人，挟以为质，令其退出虎门，而后徐与讲款，可一切唯我所欲。此粤事第七转机。

而诸帅不计及此也，反遣余保纯驰往，解劝竟日，始翼义律出围回船。十七日，洋船渐次退出，其大船有滞浅沙者，各乡民复思截而火之，祁埂谕始解散。而新安县武举人庾体群,亦于初四夜半以火舟三队,自穿鼻洋乘潮攻洋船于虎门,轰其后舱,双桅飞起空中,全船俱毁,余船皆弃椗窜遁。又佛山义勇,亦截击于龟冈炮台,据上风纵毒烟以眯敌目,歼杀数十,又破其应援之杉板洋舟。大帅先后奏闻,诏责诸将调集各省官兵,反不如区区义勇,其一切交部议处。义律亦渐愤,强出伪示,言百姓此次刁抗,蒙大英官宪宽容,后毋再犯。粤民愤甚,复回檄诟之曰:"尔自谓船炮无敌,何不于林制府任内攻犯广东?尔前日被围时,何不能力战自拔,而求救于首府?此次由奸相受尔笼络,主款撤防,故而得乘虚深入。倘再犯内河,我百姓若不云集十万众,各出草筏,沉沙石,整枪炮,截尔首尾,火尔艘舰,歼尔丑类者,我等即非大清国之子民。"是时南海、番禺二县团勇三万六千,昼夜演练。义律侦知内河已有备,竟不敢报复。然自是知粤市之不可复开,翻然思变计,不逾月遂复有厦门之事。

论曰:《春秋》之义,治内详,安外略。外洋流毒,历载养痈,林公处横流溃决之余,奋然欲除中国之积患,而卒激沿海之大患。其耳食者争咎于勒敌缴烟;其深悉详情者,则知其不由缴烟而由于闭市。其闭市之故,一由不肯具结,二由不缴洋犯。然货船入官之结,悬赏购犯之示,请待国王谕至之禀,亦足以明其无悖心。且国家律例,蒙古化外人犯法,准其罚牛以赎,而必以化内之法绳之,其求之也过详矣。

水师总兵奏褫审讯,而仍以掣肘免罪,曷不以外洋没产正法之律惩之乎?海关浮费,数倍正税,皆积年洋商关胥所肥蠹,起家不赀,今既倾缴洋商千万之烟资,不当派捐洋商数百万之军饷乎?诚能暂宽市舶之操切,以整水师之武备,尽除海关之侵索,以羁远人之威怀,奏仿钦天监用西洋历官之例,行取弥利坚、佛兰西,葡萄亚三国各遣头目一二人,赴粤司造船局,而择内地巧匠精兵以传习之,如习天文之例,其有洋船、洋炮、火箭、火药,愿售者听,不唯以货易货,而且以货易船,易火器,准以艘械、火药抵茶叶、湖丝之税,则不过取诸商捐数百万,而不旋踵间,西洋之长技,尽成中国之长技。兼以其暇,增修粤省之外城内河之炮台,裁并水师之员缺,而汰除其冗滥,分配各舰,练习驾驶攻战,再奏请遍阅沿海各省之水师,由粤海而厦门,而宁波,而上海,城池炮台不得地势者移建

之，水师缺冗者裁并之，一如粤者之例；而后合新修之火轮、战舰，与新练水犀之士，集于天津，奏请大阅，以创中国千年水师未有之盛；虽有狡敌其敢逞？虽有鸦片其敢至？虽有谗慝之口其敢施？夫是之谓以治内为治外，奚必亟亟操切外洋从事哉？

或曰：西变以来，唯林公守粤，不调外省一兵一饷，而长城屹然。使江、浙、天津武备亦如闽、粤，则庙堂无南顾之忧，岛寇有坐困之势，子何不责江、浙、天津之无备，与闽、粤后任之不武，而求全责备于始事之人？且林公于定海陷后，固尝陈以敌攻敌之策矣，陈固守藩篱之策矣，又奏请以粤饷三百万造船置炮，苟从其策，何患能发之不能收之矣。

曰：《春秋》之谊，不独治内详于治外，亦责贤备于责庸。良以外敌不足详，庸众之不足责也。吾曰勿骤停贸易，世俗亦言不当停贸易，世俗之不停贸易也，以养痈。曰英人所志不过通商，通商必不生衅，至于鸦片烟竭中国之脂，何以禁其不来，则不计也。设有平秀吉、郑成功枭雄出其间，觇我沿海弛备，所志不在通商，又将何以待之，则亦不计也。与吾不停贸易以自修自强者，天壤胡越。望之也深则求之也备，岂暇与囊瓦、靳尚之徒，较量高下哉？

夫戡天下之大难者，每身陷天下之至危；犯天下之至危者，必预筹天下之至安。古君子非常举事，内审诸己，又必外审诸时：同时人才尽堪艰巨则为之，国家武力有余则为之，事权皆自我操则为之。承平恬嬉，不知修攘为何事，破一岛一省震，骚一省各省震，抱头鼠窜者胆裂之不暇，冯河暴虎者虚骄而无实。如此而欲其静镇固守，严断接济，内俟船械之集，外联属国之师，必沿海守臣，皆林公而后可，必当轴秉钧，皆林公而后可。始既以中国之法令，望诸外洋；继又以豪杰之猷为，望诸庸众；其于救敝，不亦辽乎！驰峻坂，则群徼善御之衔绥；犯骇涛，则群戒舵师之针向。故《甫田》慎彼劳切，《唐棣》先其翩反也。

魏源

道光洋艘征抚记（下）

道光二十一年四月，英人之受款于广东也，在我师则以救一时之危，在敌亦急欲得银以济兵饷，故通商章程，彼此皆未暇议及。

洋兵大困于三元里，自知已结粤民之怨，又畏粤民之悍，不敢复入内河贸易。欲洋商赴香港，而香港隔海风浪，洋商无肯往者，遂欲以香港易尖沙嘴及九龙山。将军、总督以香港尚未奏允，何况两地？约其仍来黄埔，敌遂不许我修复虎门炮台，尽拆各炮台之石，移筑香港，且欲我拔去内河沙石桩筏，彼此相持。虽有通商之名，无通商之实。

又余保纯与义律议先送军饷六百万圆，其烟价在外。将军止以军饷改称商欠奏闻，其馀情未上达也。及洋船退出后，内河填塞要害，增修炮台，守备日固，不能如向日之闯突。敌众皆咎义律议款时不别索地埠，遂扬言英吉利国王谴义律无能，改命璞鼎查为兵帅，欲复往沿海各省，必如上年在天津所索各款。

会六月香港有风飓之事，祁墰、怡良张皇入奏，谓撞碎洋船无数，漂没洋兵汉奸无数，所有帐房篷寮，新修石路，扫荡无存，浮尸蔽海。朝廷方发藏香谢海神，布告中外，允广东保举守城文武至数百员，而洋船数十艘已全赴福建，攻陷厦门矣。

初，上年洋艘之攻厦门也，水师提督陈阶平先告病，邓廷桢督同兵备道刘耀春止守旧炮台，垒沙垣，据形势，故贼攻不破。及颜伯焘嗣任，首劾陈阶平之规避与琦善、杨芳之主款，意气甚锐。然故纨袴，虚憍自大，且轻邓廷桢之仅仅自守。奏言用守而不用攻，则贼逸我劳，贼省我费，大炮止可施诸岸上，不能载之水中，小舟止可行诸内港，不能施之大洋。遂

请饷银二百万，造战舰五十馀艘，募新兵数千，水勇八千，欲与出洋驰逐。又于口外之峿屿、青屿、大小档，增建三炮台，备多力分。新铸千炮，又多未就；空船空台，徒等废物。适闻广东款议成，奉撤兵省费之旨，尽散水勇八千，不筹安置。水师提督窦振彪亦出巡外洋，内备单弱。七月初九日，洋船数十艘突至，投书令让出厦门为外埠，俟上年天津所索各事皆遂，再行缴还。次早驶进，先以数火轮往返。忽东忽西，哨探形势，并试我炮路。炮路者：官炮皆陷于石墙孔内，唯能直轰一线，不能左右转运取准，故夷先以舟试之，知其所值，则避之也。既而诸舟蜂拥齐进，我守青屿、仔尾屿、鼓浪屿之兵，三面环击，沉其火轮舟二，大兵船一，又伤其一桅。敌遂以二三艘并力攻一炮台，一台破，再攻一台，将士死伤相继，洋船遂注攻大炮台，飞炮从空坠岸上，散遣之水勇变为汉奸，从中呼噪应之。颜伯焘、刘耀椿同时退避，贼遂登岸，反旋转我台上大炮，回轰厦门一昼夜，官署街市皆毁。颜伯焘、刘耀椿退保同安，厦门遂为贼据。

然洋人得厦门，亦不守，不数日，全队驶赴浙江，唯留数艘，泊据鼓浪屿。八月初四日，颜伯焘即以收复厦门奏闻，然同知潜处四乡，未敢回署视事。诏降颜伯焘三品顶戴留任，遣侍郎端华赴福建勘实以闻。时鼓浪屿洋人，日招工匠，增造小舟，为驶窥内河计。是月，以大船五，小船三十，驶入厦门之木桩港口，炮沉我兵船五，副将林大椿、游击王定国中炮死，提督普陀保、总兵那丹珠督兵御之，炮沉大洋船一，始退出外洋。其福州省河外之五虎门，潮至通舟，潮退搁浅，故洋船未敢驶入云。

初，裕谦自正月赴浙江代伊里布为钦差大臣，时洋船已去定海，总兵王锡朋、郑国鸿、葛云飞以兵五千驻定海，辑流移，修城垒炮台为善后计。裕谦任事刚锐，而不娴武备，与颜伯焘同。前此倾心于林则徐，而林则徐又旋有遣戍新疆，改赴河工之命。盖广东盐运使王笃入京，于召见时，力党琦而排林，林则徐去浙，浙事益无所倚。定海孤悬海中，本不必守之地，徒分兵力，提督余步云庸而猾，素为裕谦所鄙，一时无人可代，姑令驻招宝山，不令渡海调度。三镇又皆武夫，无远略，裕谦所任随营知府黄冕，署定海知县舒恭寿，皆吏才而非边才。及是筑定海外城，葛云飞欲包濒海市埠于城内，左右抵山，其三面则以山为城。裕谦未渡海亲勘，但据图指挥，从之。有诤者曰："守舟山已为下策，况所筑者，又必不可守之城乎？天下无一面之城，此乃海塘耳，非外城也。贼左右翻山入，即在城内矣。备多则力分，山峻则师劳，请但环内城为新郭，勿包外埠，勿倚外山，度城足卫兵，兵足守城，庶犹得下策。"既而挠于群咻，议遂不行。至若捐舟山，专守海岸之策，更无暇筹及也。

是夏，广东讲款，奉旨各省撤兵省费。时精兵五千，皆在定海，其镇海、宁波仅兵四千分布各口。八月初，洋船先犯石浦，以礁险不利而退，东西游弋。十二日，进攻定海，我军炮破其火轮舟一，即窜遁。十四日，连樯进攻晓峰岭，开炮数百，我兵皆隐侧崖未伤，其小舟登岸者，为郑国鸿督兵扛炮击退。次两日，又营五奎岛，又绕攻东港浦，又绕攻竹山门，皆为我炮却。十七日，贼乘我守兵力疲，遂分由五奎山、东港浦、晓峰岭三路进攻，以牵我师。其攻晓峰岭之贼，登岸后即撤舟以绝反顾，前贼死伤，后贼继进，我守山兵逆风下击，铳不得力，日午，铳皆热透。贼遂冒死登山入城。三总兵相继战死，舒恭寿服毒死，邑民救苏之，定海复陷。

其镇海防兵四千，裕谦以千馀兵守城内外，余步云率千馀守招宝山，总兵谢朝恩率千馀守隔江之金鸡岭。裕谦先期见招宝山建白旗，知余步云贰志，乃盟神誓众，余步云托足疾不跪。裕谦奏言："洋船黑兵及汉奸不下万人，贼可并帮来犯，我必扼要分守，贼可数日不攻，我必昼夜防备，彼众我寡，彼聚我散，彼逸我劳。又海艘乘风潮而至，前艘稍退，则后艘必自相撞碎，故有进无退。我兵未历战阵，各存一炮火难御之见。是贼五船一心，且众船一心，而我兵则一人一心，是以自粤至闽，莫之敢撄。臣何敢轻视，唯有殚血诚，厉士卒。断不敢以兵单退守为词，离镇海半步，不敢以保全民命为词，受逆人片纸。"余步云心恨之。二十六日，洋船攻镇海，分犯金鸡山及招宝山，每路数千，而余步云不许士卒开炮。且两次上城，请退守宁波，裕谦不许。贼甫由招宝山麓攀援登岸，余步云即率兵西走，贼踞招宝山，俯攻镇海，其隔江之金鸡山兵亦溃。裕谦知事不可为，令副将丰伸赍钦差大臣关防送浙江巡抚，自沉泮池死之。二十九日，洋兵船四、火轮舟二、小舟数十进至宁渡，余步云复弃城走上虞，宁绍台

道鹿泽长、知府邓廷彩从之。

时宁波以西，江渐浅狭，敌小船驶至慈溪、余姚，于是二城亦逃散一空，土匪四起，讹言传播，浙西大震。余步云先后两奏，尚以裕谦先走为词，及殉难事闻，朝廷赐谥、赐祠、赐荫，无可再诬，则又流言此次洋兵至浙，皆为报复裕谦夏间枭斩白夷嘔哩之仇，亲驻曹娥江，以此语遍谕渡江难民。浙江巡抚刘韵珂至据以入告，而无如敌之在广东，先已败盟，索尖沙嘴，索九龙山，不许修虎门炮台也。且诡称国王褫义律，改命他帅，未至定海，先破厦门也。又无如在浙先后投敌书，悬敌示，皆以欲索各省埠地为词，无一言及裕谦也。明年，伊里布在乍浦移书英酋，诘其何故再犯，彼复书至，亦一字不及裕谦。裕谦有攘寇之志，而无制寇之才，同于张浚。议者不咎其丧师失地。而翻以英之在粤在闽败盟诬咎于浙师，不据英书英示为词，而据余步云逃罪之语为词，则是责张浚不如汪、黄，而汪、黄遂堪退敌也。

九月，贼以火轮小舟犯余姚，犯慈溪，二城先溃遁，英焚掠而去。是月命宗室大学士奕经为扬威将军，侍郎文蔚、副都统特依顺为参赞，以河南巡抚牛鉴总督两江，授怡良钦差大臣，驰赴福建。奕经用宿迁举人藏纡青言，浙兵屡衄不可用，除奏调川、陕、河南新兵六千外，宜多用土勇、水勇。宁波、镇海汉奸通贼，宜令浙江京官各保举绅耆，使分伏乡勇为内应，而委员招集山东、河南、江、淮之土勇万人，及沿海渔、盐、枭、贩、江湖盗贼二万馀，分伏三城，水陆并攻，以南勇为北勇之目，以北勇为南勇之胆，刊给赏格，唯用散攻，不动大队，不刻期日，陆路伺敌出入，水路各乘风潮，逢敌即杀，遇船即烧，人自为战，使彼出没难防，而后以大兵蹙之，得旨允行。又诏举奇才异能之士，且谕奕经毋遽往杭，先驻苏城，使敌无备，俟各省兵勇齐集，再赴浙江。十月，奕经至苏，幕下侍卫容照、司员杨熙、联芳、阿彦达，皆纨绔少年，所至索供应，征歌舞，纵搏埔，揽威福。苏城流言四起，远播京师，于是奕经移营嘉兴。十二月十五日，奕经、文蔚同梦洋人纷纷上船，窜出大洋，诘朝各述所梦，不约而符。又适接宁波来禀，有洋人运械上船之信，于是将军、参赞锐意进兵，夜不能寐。

明年元旦赴杭，留参赞特依顺守杭州，而奕经、文蔚渡江。十六日抵绍兴。先是去冬大雪，平地五六尺，入春又淫雨，昼夜兼旬，所备火舟薪苇，皆淋湿不堪用，且三城水陆纵横数百里，兵勇布置未周，非二月中旬，不能集事。各路委员皆请缓师期半月，而奕经坚不肯待。定计二十八日进兵恢复三城，而原议分伏散战之法，一变为排阵对战之举。时敌闻大将军至，亦先自为备。宁波英目尽上船，唯留数百人守城上大炮，以待我西门之兵。镇海则英兵尽上招宝山，俟我兵入城，则开炮俯击，为一举歼我之计。此梦兆所由也。而诸将方严饬我军，不许携火器、火箭，恐延烧民舍，但约城中汉奸内应，擒缚英酋英兵以献，三城唾手可得，得城后即执所获英酋，与之议款，谓万全无失。于是奕经以兵勇三千，营绍兴之东关。使文蔚以兵勇四千，半屯慈溪二十里之长溪岭，半属副将朱桂，屯西门外之大宝山，以图镇海。提督段永福以兵勇四千，半伏宁波城外，屯大隐山，以图宁波。而副将谢天贵率兵千余，屯骆驼桥，以扼镇海、宁波适中之路。其领乡勇者，陆路则泗州知州张应云主之，令沉船梅墟，以隔断宁、镇英船，而杨熙伏勇上虞策应。水路则海州知州王用宾主之，专驻乍浦。而故总兵郑国鸿之子郑鼎臣，专司定海水勇，以火攻洋船。及期，陆路官兵皆冒雨夜进，至城则雨霁，其从宁波西门入者，城内伏勇先歼守门之贼，钉城上之炮，洞开城门以待。我兵长驱至府署，敌始惊觉，巷战相持。俄北门洋兵又绕至攻其后，前后受敌，洋兵踞街楼屋甍之上，火箭火炮，两面雨下，巷狭墙高，仰攻不利，屯兵五百，且战且退，死伤者半。段永福督后队至，闻风反走，既不登城扼斗力战，又不退保大隐山，而直走东关。余步云率兵二千，驻宁波之奉化，中途闻败，折窜终夜，喘吁遍野。此宁波之师也。其慈溪、大宝山之兵，则副将朱桂、参将刘天保分领之，刘天保率河南劲勇五百先发，镇海城亦开门以待，内应寥寥，不能缚贼，急使人出城取火器，至则天已黎明。城外招宝山敌铳齐发，我军踉跄遁出，而朱桂军风雨迷路未至。此镇海之师也。

至是始知仓卒布置之误，然所死不过二三百兵，于大局尚无害。于是朱桂率陕、甘兵千二百回屯大宝山之右，刘天保收河南兵五百回军大宝山之左，张应云兵勇亦回守慈溪城。奕经既不斩弃营逃将，以肃军令，又不进营上虞，以壮士气，文蔚复调张应云赴奕经营商军事。于是慈溪城中乡

勇无主，亦溃散。

二月四日，敌遂遣火轮舟焚我火舟数十于姚江，而以兵二三千，自慈溪登岸，陆行十馀里，进攻大宝山，并自撤原舟，以绝反顾。朱桂以扛炮兵四百御之，自辰至未，击死洋兵四百馀，歼其头目巴麦尊，我兵隐厓石树木间，无一伤者。时洋兵离其船数十里，深入死地，使得一队伏截其后，可获全胜，不然即有兵数百，防守后山，我兵亦不致败。此夷事第八转机。

而谢天贵军不至，张应云城中伏勇已散，刘天保火器已半丧于镇海，虽据左山，不能下山截贼后。其地即在长溪岭之麓，距参赞营仅十余里，朱桂请援兵数百，文蔚坚不许发，薄暮始发兵三百，而敌已分兵四百，潜越旁港，绕出我军山后。朱桂前后受敌，父子死之，刘天保左军亦惊溃。时长溪岭阻险而阵，洋兵断难黑夜进攻，而容照及联芳等，力请文蔚弃军宵遁，沿途赏舆夫，赏舟子，唯恐英兵追及。参赞既遁，全军遂溃，弃辎重器械山积，反妄奏营被汉奸烧毁，其实次日薄暮，英兵尚未至岭也。

长溪岭既溃，军气大沮丧，即有献策请移营上虞，别选新到之兵，再诱敌深入，与之再战三战，一以牵其北扰江苏之计，一以阻其骄索无餍之气，而后徐与讲款者。奕经、文蔚心已乱，言不入耳，唯容照之言是听，镇海之役，刘天保军仅伤七人，而奏言全军覆没，仅脱回七人。大宝山之战，我军仅死百馀，而奏言死者千馀，慈溪英兵登岸仅二千馀，而奏言万有七千，无非张贼势而逭己罪。初七日，即与文蔚弃绍兴，走西兴。奕经旋渡江回杭州，而陆路不可为矣。水路本议由乍浦雇渔舟潜渡岱山，以图复定海，已渡水勇万馀，分伏各港，至是亦用容照言散之，并战船、火船尽撤回。其水勇无归者，遂窜入英船为汉奸，而水路亦不可为矣。唯郑鼎臣一路不奉命，容照、联芳等憾之，力请诛以军法，奕经唯唯不决。藏纡青愤盲左目，力辞去，奕经固留之，始复思用原议伏勇散战之法。于二月十六日再渡江，檄饬各路兵勇，相机自效，一月中伺杀黑白英人三百馀级，生擒英官四人，白黑夷五十余人，缚献宁波汉奸主谋二人，馀尽解散。郑鼎臣水路则三月朔联火舟数十，围攻大洋艘于岑港，又分攻三洋船于他港，共焚沉洋兵船四，及小洋船十馀，焚溺死洋兵五六百。镇海知县叶堃亦报大攻洋船于海口，先后奏闻。诏赏奕经双眼孔雀翎，文蔚一品顶戴，郑鼎臣、叶堃奖励有差，于是阖营沸然。

前此主杀郑鼎臣者，今又竞思邀功，而主和议之人，则又哗然以为虚报不实。巡抚刘韵珂据以劾奏，既而郑鼎臣送所获贼首贼衣及毁破船板，共载四大艘呈验，刘韵珂始语塞。而韵珂前月已奏请伊里布来浙主款，上复命宗室尚书耆英为钦差大臣署杭州将军，与参赞齐慎赴浙，降旨不许进兵，并不许擒斩零夷，有兵勇杀一黑白夷，即行正法，并治官弁之罪，皆刘韵珂所奏请也。是月，河南开封黄河决口堵合，诏林则徐由工次赴新疆，大学士王鼎自河南工次入京复命，越五日，发愤具遗疏暴薨。英人是月遂弃浙江窥松江，窥长江，登范氏天一阁，取去《一统志》，又购长江图与黄河图，尽得我军所裁撤水勇为向导，兼造小蛋船数十为入浅河之用，勒索宁波绅士犒军银二十万圆，许退出城池。遂以三月二十七日，弃城登舟。奕经等以大军逼退英兵，收复宁波入告。盖贼自去秋破宁波后，即遣火轮舟归报国王，其舟自中国至西洋，往返六月可达。至是三月初，国王谕至，令复往天津求埠地通商，故是月退出宁波，于官兵无预也。

四月朔，镇海洋船亦弃城而北，唯留四舟及洋兵千馀守定海。钱塘江口龛、赭二山，近年滩涨淤浅，潮至通舟，潮落断流，故洋船不窥杭，而初九日犯乍浦。先以兵船横列成阵，开炮与官兵相持，而遣小舟分路登岸，攻东门。我陕、甘兵以扛炮伤敌甚众，敌转攻南门。驻防旗兵，平日凌辱汉人，至是又动斥为汉奸，由是福建水勇积愤，纵火内应；贼遂逾南城入，尽焚满营，都统长喜、署乍浦同知韦逢甲死之。兵备道宋国经退走嘉兴，杭州、嘉兴俱戒严。原任大学士伊里布至乍浦洋船议款，英邀挟甚侈，不能成议；刘韵珂又奏请释还所擒黑白夷数十送乍浦，则洋船已去，又改送镇海，谓可解仇通好，英置不问。诏将军、参赞分一人前赴嘉兴防堵，于是奕经自绍兴渡江而北，钦差大臣耆英方驰至嘉兴，忽奉命前赴广东，其杭州将军关防，命特依顺署理。盖据御史苏廷魁之言，风闻廓尔喀国已攻袭英人驻防印度之兵，洋船将回兵救援，因有退出宁波之事。故命耆英前赴广东，体察虚实，乘机攻香港。及江左告急，复命中道折回防堵。

时香港洋船十四，杉板小船数十，洋兵千馀，汉奸海盗薮聚其间。奕山等既招回汉奸三千馀，其香港汉奸头目内向者，亦十之六。各愿立功赎罪，请包修虎门炮台，并请乘冬令晦潮，出其不意，与香港汉奸表里应和，火攻洋船，一举歼之。而奕山听祁𡎴言，唯恐触其怒，不许。六月，诏责奕山视师广东半载，毫无方略，屡命收复虎门，攻香港，以牵制闽、浙贼势，皆以造船未就为词，唯以填塞河道为事，革去御前大臣、都察院左都御史。而颜伯焘亦久未剿除厦门停泊之洋船，革职，以怡良代之。十八日，洋船弃乍浦而北。五月初三日，洋船至吴淞口。初五日，牛鉴接奕经檄令，权宜羁縻。牛鉴迟至初七日，始遣弁赍札洋船，则已无及。宝山城在吴淞口外，洋面辽阔，本不如内东沟、江湾两隘之易于设伏，宝山知县周恭寿请伏兵口内诱贼，毋守海口炮台，牛鉴不从。总兵王志元守小沙背之徐州兵五百，即在浙从余步云弃招宝山之溃兵也。牛鉴不惩创之，反令守要害，终日骚掠，居民汹汹。周恭寿力请撤换他兵，亦不听。初八日黎明开炮，提督陈化成炮沉其二艘，又击折其二艘之桅。洋兵溺死二百馀，遂以小舟绕攻小沙背，总兵王志元率徐州兵望风西走，提督陈化成亦中炮死。贼遂由小沙背登岸，仅八九人，而塘上数千兵，皆望风溃矣。牛鉴走嘉定，其东炮台之兵，皆同时溃，贼遂陷宝山，丧大炮军仗无算，上海大震。参将继伦率兵先弃城走松江，上海兵备道巫宜禊、上海知县刘光斗从之。所募福建水勇，变为土匪，纵火焚掠。十一日，洋船七八艘驶入上海，城中已空无人。十三日，洋人乘火轮船二、杉板船四五，驶入松江，我兵先塞港口，距城八里。寿春镇总兵尤渤以陕、甘兵二千守之，敌开炮数十，我兵皆伏避之，炮过而起，我炮齐发，相持半日始退。次日复至，亦如之。故松江得无恙。贼又将窥苏州，使火轮舟测水，至泖湖，渔舟引之入浅，轮绞水草，乃返。于是二十日洋艘退出吴淞口，图入长江矣。

初，裕谦奏江海情形，有"长江无遮障，潮来甚溜，甚难防守"之语。牛鉴则驳斥常镇道请守鹅鼻嘴之禀，且遍谕居民，以长江沙线曲折，洋船断不能入。贼劫沙船导火轮，两次驶探，初报诸险要皆无备，次报诸议港获洲皆无伏，始连樯深入。六月八日薄瓜洲，瓜洲城已空，遂窥镇江。镇江依北固山为城,以运河为濠,形势险固,非宝山比。驻防副都统海龄,庸谬人也。牛鉴既失吴淞口,自应驰守镇江,会参赞齐慎、提督刘允孝之兵,且节制副都统婴城固守,洋船必不越镇江,而径犯江宁。上之可以徐筹火攻,次之即与敌讲款,亦不致操我死命,无求不遂。乃牛鉴从丹阳、句容直走江宁,海龄又拒齐慎、刘允孝使战城外,唯以驻防兵守城内。镇江繁富十万户,海龄禁难民迁徙出城。出者皆刃夹而搜括之,日捕诛城中汉奸,合城鼎沸,凡木石油炭火器,守城之具,一切不备。又不团练居民乡勇助守,城中仅驻防兵千馀,与绿营兵六百,寥落如晨星。始则城外军击其西北登岸之贼,相持二三日,英佯攻北门,而潜师梯西南入城,士兵仅斫其一二人,敌已蚁附上,守兵皆溃。英先焚满营,海龄为乱兵所杀,镇江陷,掳掠焚杀惨甚。宁波招宝山夷酋璞鼎查,即欲出江前赴天津,而马礼逊阻之,谓此中国漕运咽喉,扼以要挟,必可如志,遂不果,是时洋船八十余艘,炮声震江岸,自瓜洲至仪征之盐艘巨舶,焚烧一空,火光百余里。扬州盐商许银五十万免祸。六月二十八日,遂逼江宁,东南大震。

朝廷羁念漕运重地,敕耆英便宜从事。是时敌人已奉国王谕至,但得他省通商,不必更索兵饷、烟价,其鸦片烟亦不再至。故洋师三月出宁波,及在乍浦伪示,皆有"前往天津求和、遵国王所谕办理"之言。至是伊里布遣张喜等至洋船,洋酋言:一、索洋银二千一百万圆,三年交付。一、索香港为市埠,并往广州、福州、厦门、宁波、上海贸易。一、洋官欲与中国官员敌体。馀与上年同。张喜言烟价、兵饷广东已给六百万,今索价更奢、索埠太多,若之何?马礼逊言马礼逊,洋官之通汉语者。此我国所索之价,岂即中国所还之价?且此次通商为主,志不在银钱,但得一二港口贸易,其兵饷、烟价中国酌裁可也。而诸大吏不速覆,遣张喜往返传语。越二日,张喜还,则敌听汉奸言。闻增调寿春兵之信,谓我借款缓敌,如今日不定议者,诘期交战,其意盖欲款局速成,非望所求尽允。而诸帅已胆裂,即夜覆书,一切唯命,其禁约鸦片章程,一语不及,英喜出望外。诸帅会奏,言敌设炮钟山之顶,全城命在呼吸,盖仿袭粤省失四方炮台之说,其实绝无其事。且奏称昔纯皇帝征缅无功,弃关外地五千里,尤以凿

魏源

空无稽之谈，诬祖德，骇听闻。敌人又言讲款文书，中国需用御宝，彼国亦遣火轮舟归，请国王用印。兵船唯退出海口，其舟山及鼓浪屿、香港之洋兵，必俟三年银数交竣，方可撤归。七月初九日，款议成。耆英、伊里布、牛鉴亲赴敌人璞鼎查之舟。越二日，璞鼎查、马礼逊等亦入城会于正觉寺。连日分提江宁、苏州、安徽藩库、扬州运库银数百万，如数馈之。八月杪，洋船将出江，诸帅复饯于正觉寺。九月初旬，洋艘尽回定海，诏以不守江口逮总督牛鉴治罪，以耆英代之，而伊里布以钦差大臣由浙至广东议互市章程。褫逮领兵之奕山、奕经、文蔚、余步云，交刑部治罪，唯余步云于是冬伏法。其沿海失守城池之道、府、县，及领兵将官失事者，以次惩处，分别豁免沿海被寇州县钱粮。而是冬又有索台湾俘人之事，上年及次年又有廓尔喀、佛兰西、弥利坚各国违言之事，又有广东义兵焚洋馆之事。

台湾俘人者，二十一年八月，及次年二月，洋船两窥台湾。一在淡水港，遭风触礁；一在大安港，为渔舟诱引搁浅。皆为沿海义勇围攻，擒获三桅大舟一，杉板舟二，白夷二十四，黑夷百有六十五，炮二十门，刀铳器械，并宁波、镇海营中官物，盖攻浙之贼回窥闽洋者。总兵达洪阿、兵备道姚莹先后奏闻。三月，敌遂以十九艘赴台报复，结海盗艇数十导之入港。我兵先破其盗舟，敌人不敢入，遥轰大炮而遁。又屡遣奸细入台煽乱，皆被擒斩，一方屹然，洋船不敢再犯。屡诏优奖，姚莹加布致使衔，达洪阿加提督衔，各世袭轻车都尉。是秋，江宁议款约，所获兵民，彼此交还，而台湾黑夷百有六十五人，已于五月奉旨斩决，唯以白夷还之，敌目璞鼎查遂讦台湾镇道妄杀其遭风难民。时江苏主款官吏，方忌台湾功，而福建厦门失守，文武亦相形见绌，流言四起。耆英遂据闽人故总督苏廷玉及提督李廷钰二人家信，劾台湾镇道冒功，敕福建新督查奏。新督至台湾查案卷，则所奏皆据厅营及绅士禀报，无功可冒，因强镇道引诬以谢洋人，遂劾逮至京。台湾兵汹汹鼓噪，达洪阿、姚莹谕解之。新督亦旋告病，以刘鸿翱代之。刘鸿翱尽以台湾厅营绅士禀报原案咨送军机处，上遍阅之，鉴二人枉，不深罪，达洪阿、姚莹旋即起用云。

廓尔喀者，在西藏西南，与英国所属东印度孟阿拉接壤世仇。二十年秋，闻英人入寇，即禀驻藏大臣，言小国与底里所属之披楞部相邻，每受其侮，今闻底里与京属构兵，京属屡胜，小国愿率所部，往攻底里所属，以助天讨。使廷臣明地势洋情，许其犄角，则英国印度之兵，怀内顾忧，不能全赴中华。此洋事第一外助。而廷臣未知其所谓底里者即英吉利，所谓披楞者即孟阿拉，所谓京属者，即中国之广东。顾答以蛮触相争，天朝从不过问。于是廓夷罢攻印度，而英人入寇之兵无复内顾。及是秋款议成，英人归印度者，以此大骄廓尔喀，廓尔喀则反唇于驻藏大臣，词甚悖谩，驻藏大臣唯羁縻之而已。

佛兰西、弥利坚者，皆大西洋强国，与英人同市广东，且世仇英人而恭顺中国。上年英人入犯，并阻遏诸国货船，不许贸易，诸国皆憾之，言英人若不早回国，亦必各调兵船来粤，与之讲理，林则徐两次奏闻。俄林则徐罢，琦善一意主和，前议遂中止。及去年琦善褫逮甫数日，弥利坚头目即出调停，故有但许通商，不索一切，及私带鸦片，货船充公之请。乃广东诸帅，夜攻洋馆，反误杀弥利坚数人，于是弥利坚不复肯出力。而佛兰西洋官于英人再次败盟之后，屡在粤愿助造兵船。是冬来兵船二，兵帅一，言有机密事愿面见将军，请勿用通使，从有能汉语之二僧，可以传言，将军奕山及总督祁𡏳与再会城外，屏左右，密言英人阻隔诸国贸易，国王遣兵船前来保护，并命从中解散，请赴江、浙代款，必能折服英人，不致无厌之求，倘英人不从，亦可藉口与之交兵。此粤事第二外助。

乃奕山始则拒不肯奏，佛兰西请先赴香港，晤璞鼎查，议之数日，覆称英人以香港及烟价三百万为请。奕山亦屏不奏，良久始奏闻。又言敌情叵测，难保其非阴助英人，代探我虚实。佛兰西自正月至五月，待命半载，及六月驶赴吴淞口，则英人已深入长江。佛兰西请我舟导之入口，上海官吏反难之，往返申请稽时。及佛兰西易舟入江，则款议已成数日，尽饱谿壑，视佛兰西原议相去天渊，佛兰西头目顿足而返。是冬回至广东议互市，英人欲各国洋商就彼挂号始输税，佛兰西、弥利坚皆愤言，我非英国属国，且从未猾夏冯陵，何厚彼而疏我？于是弥利坚来兵船八，不数月佛兰西亦来兵船八，皆上书求入贡，而陈诚款，并请留兵船于闽、粤，唯贡使数人由陆入京，盖欲密献机宜，效回纥助唐之谊，此洋事第三外助。

而廷臣再三却之。时伊里布已卒于广东。二十三年，耆英奉命驰往接办，先后许各国皆如英人之例，不用洋商，任往各海口，与官吏平行，英人反以此德色于诸人矣。

广东义民者，初英人自去夏困于三元里，不敢入市广州，及讲款后，奉旨许广州贸易。是冬白夷横行于市，粤民怒起诛之，聚众万余，焚洋馆，掠其货，又杀其洋官洋兵于澳门海中。时璞酋兵船正在广东，竟不敢报复，督抚惩治焚馆之民以谢。而番禺绅士潘仕成捐资延佛兰西洋官雷壬士于家，造洋船洋炮，又造水雷，能水中轰破船底，所捐造二桅战舰四艘，材坚工巧，悉如西洋式，每水雷造价仅四十金，每艘仅价二万金。诏广东新造战舰，一切交其承办，毋令官吏经手，以杜侵蚀。大吏尼之，旋亦中止。故敌寇之役中国，非无外援也，非无内助也，无人调度之，则驱属夷以资敌国，且化良民为奸民，且诬义民为顽民。

迨者，沿海通商，鸦片益甚于前，并用广东巡抚黄恩彤言，开各省天主教之禁。其据定海及鼓浪屿之人，皆胁官吏，敷逼逃，而福州乌石山之人，直据省会腹心，俯瞰全城。总督刘韵珂、巡抚徐泽醇束手唯命，而奏疏讳之，但言给与城外破庙。闽省士民愤怨，时林则徐家居，尤为闽大吏所忌。道光二十四年，召还耆英，降巡抚黄恩彤为同知回籍。二十五年，英人欲践耆英所许三年入城、设洋馆之约。总督徐广缙内联义民，外联弥利坚以拒之，敌受约束退，诏封徐广缙子爵，巡抚叶名琛男爵，粤事始稍定。咸丰元年，又特诏奖雪林则徐及姚莹、达洪阿之尽心竭力于边，而斥耆英畏葸骄敌之罪，中外翕然钦颂。

论曰：夷寇之役，首尾二载，縻帑七千万。中外朋议，非战即款，非款即战，从未有专议守者何哉？且其战也，不战于可战之日，而偏战于不可战之日。其款也，不款于可款之时，而专款于必不可款之时。其守也，又不守于可守之地，而皆守于不可守不必守之地。粤东不议守而专款，是浪款也。奕山不筹守而即战，是浪战也。颜伯焘、裕谦、牛鉴不择地而守，是浪守也。诚能择地利，守内河，坚垣垒，练精卒，备火攻，设奇伏，如林、邓之守虎门、厦门，先为不可胜以待敌之可胜，则能以守为战，以守为款。以守为战，则岂特我兵可用，即佛兰西、弥利坚皆可用，即廓尔喀亦可为我用，以外敌攻外敌也。岂特义民可用，即莠民亦可用，以汉奸攻逆敌也。以守为款，则我无慑于彼，彼有求于我，力持鸦片之禁，关其口，夺其气，听各国不得贸易之夷居间调停，皆将曲彼而直我，怒彼而睚我，则岂特烟价可不给，而鸦片亦可永禁其不来，且可省出犒夷数千百万金，为购洋炮洋艘，练水战火战之用，尽收外国之羽翼为中国之羽翼，尽转外国之长技为中国之长技，富国强兵，不在一举乎？时乎时乎，唯太上能先时，唯智者能不失时；又其次者，过时而悔，悔而能改，亦可补过于来时。

海国图志序

《海国图志》六十卷，何所据？一据前两广总督林尚书所译西夷之《四洲志》，再据历代史志，及明以来岛志，及近日夷图、夷语。钩稽贯串，创榛辟莽，前驱先路。大都东南洋、西南洋增于原书者十之八，大小西洋、北洋、外大西洋增于原书者十之六。又图以经之，表以纬之，博参群议以发挥之。何以异于昔人海图之书？曰：彼皆以中土人谈西洋，此则以西洋人谈西洋也。是书何以作？曰：为以夷攻夷而作，为师夷长技以制夷而作。

《易》曰："爱恶相攻而吉凶生，远近相取而悔吝生，情伪相感而利害生。"故同一御敌，而知其形与不知其形，利害相百焉；同一款敌，而知其情与不知其情，利害相百焉。古之驭外夷者，诹以敌形，形同几席；诹以敌情，情同寝馈。

然则执此书即可驭外夷乎？曰：唯唯，否否！此兵机也，非兵本也；有形之兵也，非无形之兵也。明臣有言："欲平海上之倭患，先平人心之积患。"人心之积患如之何？非水，非火，非刃，非金，非沿海之奸民，非吸烟贩烟之莠民。故君子读《云汉》《车攻》，先于《常武》《江汉》，而知二《雅》诗人之所发愤；玩卦爻内外消息，而知《大易》作者之所忧患。愤与忧，天道所以倾否而之泰也，人心所以违寐而之觉也，人才所以革虚而之实也。

昔准噶尔跳踉于康熙、雍正之两朝，而电扫于乾隆之中叶。夷烟流毒，罪万准夷，吾皇仁勤，上符列祖，天时人事，倚伏相乘，何患攘剔之无期？何患奋武之无会？此凡有血气者所宜愤悱，凡有耳目心知者所宜讲画也。去伪，去饰，去畏难，去养痈，去营窟，则人心之寐患祛其一。以实事程实功，以实功程实事，艾三年而蓄之，网临渊而结之，毋冯河，毋画饼，则人才之虚患祛其二。寐患去而天日昌，虚患去而风雷行。《传》曰："孰荒于门，孰治于田？四海既均，越裳是臣。"叙《海国图志》。

以守为攻，以守为款，用夷制夷，畴司厥楗。述《筹海篇第一》。

纵三千年，圜九万里，经之纬之，左图右史。述《各国沿革图第二》。

夷教夷烟，毋能入界，嗟我属藩，尚堪敌忾。志《东南洋海岸各国第三》。

吕宋、爪哇，屿埒日本，或噬或玩，前车不远。志《东南洋各岛第四》。

教阅三更，地割五竺，鹊巢鸠居，为震旦毒。述《西南洋五印度第五》。

维皙与黔，地辽疆阔，役使前驱，畴诹海客。述《小西洋利未亚第六》。

大秦海西，诸戎所巢，维利维威，实怀泮鸮。述《大西洋欧罗巴各国第七》。

尾东首西，北尽冰溟，近交远攻，陆战之邻。述《北洋俄罗斯国第八》。

劲悍英寇，恪拱中原，远交近攻，水战之援。述《外大洋弥利坚第九》。

人各本天，教纲于圣，离合纷纭，有条不紊。述《西洋各国教门表第十》。

万里一朔，莫如中华，不联之联，大食、欧巴。述《中国西洋纪年表第十一》。

中历资西，西历异中，民时所授，我握其宗。述《中国西历异同表第十二》。

兵先地利，岂间遐荒，聚米画沙，战胜庙堂。述《国地总论第十三》。

虽有地利，不如人和，奇正正奇，力少谋多。述《筹夷章条第十四》。

知己知彼，可款可战，匪证奚方，孰医瞑眩？述《夷情备采第十五》。

水国恃舟，犹陆恃堞，长技不师，风涛谁慑？述《战舰条议第十六》。

五行相克，金火斯烈，雷奋地中，攻守一辙。述《火器火攻条议第十七》。

轨文匪同，货币斯同，神奇利用，盍殚明聪。述《器艺货币第十八》。

原刻仅五十卷，嗣增补为六十卷。道光二十七载增为百卷，重刻于扬州，仍其原叙，不复追改。

魏源

定庵文录叙

　　道光二十有一载，礼部仪制司主事仁和龚君卒于丹阳。越明年夏，其孤橙抱其遗书来扬州，就正于其挚友邵阳魏源。源既论定其中程者，校正其章句违合者，凡得文若干篇，为十有二卷。题曰《定庵文录》，又辑其考证杂著诗词十有二卷，题曰《定庵外录》，皆可杀青付缮写。

　　昔越女之论剑曰："臣非有所受于人也，而忽然得之。"夫忽然得之者，地不能囿，天不能嬗，父兄师友不能佑。其道常主于逆，小者逆谣俗，逆风土，大者逆运会，所逆愈甚，则所复愈大。大则复于古，古则复于本。若君之学，谓能复于本乎？所不敢知，要其复于古也决矣。

　　阴阳之道，偏胜者强。自孔门七十子之徒，德行、言语、政事、文学已不能兼谊；其后分散诸国，言语家流为宋玉、唐勒、景差，益与道分裂。荀况氏、扬雄氏亦皆从词赋入经术，因文见道，或毗阳则驳于质，或毗阴则愦于事，徒以去圣未远，为圣舌人，故至今其言犹立。矧生百世之下，能为百世以上之语言，能骎宕百世以下之魂魄，春如古春，秋如古秋，与圣诏告，与王献酬，躏勒、差而出入况、雄，其所复讵不大哉！

　　火日外景则内暗，金水内景则外暗，外暗斯内照愈专。君愦于外事，而文字窔奥洞辟，自成宇宙，其金水内景者欤？虽锢之深渊，缄以铁石，土花锈蚀，千百载后发砸出之，相对犹如坐三代上。

　　君名自珍，更名巩祚，字璱人，浙之仁和人。于经通《公羊春秋》，于史长西北舆地。其文以六书小学为入门，以周、秦诸子吉金乐石为崖郭，以朝章国故世情民隐为质干。晚犹好西方之书，自谓造深微云。自其先世祖父至君三世，皆以进士官礼曹。君二子，长子橙，以文学世其家。

113

归安姚先生传

姚先生，名学塽，学者称镜塘先生，世居湖州归安双林村。父意峰先生，以乾隆丙戌十月丙午生公。性介厚重，在孩不戏，见物不取。父兄坐庭上，久侍立足不动。既长，读书颖悟，又毅然力行之。

嘉庆己酉，举浙江乡试第一，父丧骨毁。丙辰，成进士，官内阁中书，辄归侍母，母不许，复之官。戊辰，主贵州乡试归，道闻母忧，痛父母不得躬侍禄养，遂终身不以妻子自随，既服阕，独行至京。有一子世矗，早世，以其弟之子世名为己子，留于家。秩再满，转兵部主事，累迁至职方司郎中。

居京师三十年，粗粝仅给，未尝受人一物。故事：部员于其乡人之有事到部者，许同乡官具保结，各有例规，谓之印结费，又外任官至京，于其同乡同年世好之官京师者，各留金为别。此二者，京官赖以自存，习为常，公独一无所受。其门下士伍长华，官湖北布政使，至京，以五百金贽献，亦不受。或固辞不得，强留而去，则翼日呼会馆长班持簿至，书而捐之，前后捐馆中者三千余金。居丧时，有毡帽一，布羔裘一，终身服之，褴褛不改，盖所谓终身之丧。至署供职，衣敝衣冠厕狐貉中，晏如也。

持身严而遇物谦下诚恳，唯恐伤其意。自奉极清苦，而春秋祭祀必丰，祭毕辄邀同人饮馂。善饮无量，虽爵至无算，而酒令精明，未尝误。谈论娓娓，而终席未尝一言逾矩。其酒皆与客传壶自酌，不令僮仆侍立也。平日未尝轻议时事，臧否人物，而偶一及之，辄确当不易，虽练事之精，观人之细者，无不服也。平生未尝著书，而经义湛深。源尝以《大学古本》质之，先生曰："古本出自《石经》，天造地设，唯后儒不得其脉络，是以致讼。吾子能见及此，幸甚，唯在致力于知本，勿事空言而已。"

其文章尤工制义，规矩先民，高古渊粹，而语皆心得，使人感发兴起。有先生而制义始有功于经，当与宋五子书并垂百世，远出守溪、安溪之上，盖自制义以来，一人而已。

初尚书彭龄掌兵部，请先生至堂上，躬起肃揖之，先生亦不往谢。大学士百龄兼管兵部，屡询司员"姚某何在"，欲先生诣其宅一见之，终不往也。先生六十岁生日，同里姚总宪文田贻酒二罂为寿，固辞。姚公曰："他日以此相报可乎？"乃受之。

先生之学，由狷入中行，以敬存诚，从严毅清苦中发为光风霁月。暗然不求人知，未尝向人讲学，仁熟义精。晚年德望日益隆，自公卿远近无不敬之。虽文人豪士傲睨自负者，语及先生无不心服，无间言。盖诚能动物，不知其所以然也。

官京师数十年，未尝有宅，皆僦僧寺中，纸窗布幕，破屋风号，霜华盈席，危坐不动，暇则向邻寺寻花看竹，僧言，虽彼教中持戒律苦行僧不是过也。

道光七年冬十月，廷试武士，执事殿廷，敝裘单薄，晨感寒疾，即呈告开缺，上官不许，给假一月，然先生归志已决矣。其在部也，必慎必忠，遇事必求无憾，感吏以情，吏不欺。既病，不寝，日正衣冠而坐，有问者必起谢揖。十一月戊戌，病笃，神明湛然，拱坐而殁，年六十有一。大人先生及士夫至负担闻之，皆哭。姚都宪秋农、张阁部小轩、朱阁部虹舫、陈学士硕士、龚观察闇斋、戚洗马蓉台与其门人治其丧如其志。著有《竹素轩制义》若干卷、《姚兵部诗文集》若干卷。

魏源曰：道光壬午年，拜公于京师水月庵，以所注《大学古本》就正。先生指其得失，憬然有悟，遂请执弟子礼，先生固辞，而心中固终身仰止矣。国朝醇儒推汤、陆，先生取与之严，持守之敬，不亚汤、陆，而深造自得过之。发为文章，形于语默，左右逢源，可与胡敬斋先生并，其当崇祀瞽宗以矜式百世，盖有待于来者焉。

筹海篇三（议战）

内守既固，乃御外攻。岳飞曰："以官军攻水贼则难，以水贼攻水贼则易。"攻江湖之盗且如是，何况数万里海外之寇。以海夷攻海夷之法如何？筹夷事必先知夷情，知夷情必先知夷形，请先陈其形势：英夷所惮之仇国三：曰俄罗斯，曰佛兰西，曰弥利坚。所惮我之属国四：曰廓尔喀，曰缅甸，曰暹罗，曰安南。其攻之之法：一曰陆攻，一曰海攻。陆攻之法在印度，逼壤印度者曰俄罗斯与廓尔喀。俄罗斯国都与英夷国都中隔数国，陆路不接，而水路则一由地中海，一由洲中海，朝发夕至。康熙三十年间，英吉利国王曾以兵船由地中海攻俄罗斯，败绩遁归。自后两国不相往来，而兵争专在印度。印度者，在葱岭西南，与我后藏、廓尔喀、缅甸接壤，去英夷本国远数万里。英夷以兵舶据其东、南、中三印度，而俄罗斯兵则由黄海、里海之间攻服游牧诸部，亦与西、中二印度接壤，止隔一雪山，各以重兵拒守。自东印度之孟阿拉之麻尔洼，南印度之孟迈之曼达喇萨，鸦片盛行，英夷岁收其税银千馀万，俄罗斯久觊觎之。乃英夷调印度兵艘入犯中国，深恐俄罗斯乘其虚以排挤温都斯坦；中印度。又传闻俄夷使者，已自比革特起程入中国，比革特其东都也。惴惴惧其掎角。盖康熙中用荷兰以款俄罗斯，又联俄罗斯以逼准噶尔，故英夷之惧俄罗斯者，不在国都而在印度，此机之可乘者一。廓尔喀者，亦在后藏之西，与东印度逼处。方乾隆中，我师往廓夷时，英夷印度兵船亦乘势攻其东境。故上年英夷罢市后，廓夷亦即禀驻藏大臣愿出兵攻击印度。当时若许廓夷扰其东，俄罗斯掎其西，则印度有瓦解之势，寇艘有内顾之虞，此机之可乘者二。

故可乘而不乘，非外夷之不可用也，需调度外夷之人也。

海攻之法，莫如佛兰西与弥利坚。佛兰西国逼近英夷，止隔一海港，弥利坚与英夷则隔大海。自明季国初之际，佛兰西开垦弥利坚东北地，置城邑，设市埠，英夷突攻夺之，于是佛夷与英夷深仇。及后英夷横征暴敛，于是弥利坚十三部起义驱逐之，兼约佛兰西为援。三国兵舶数百艘，水陆数十万，不解甲者数载。弥利坚断其饷道，英军饥困，割地请和，弥利坚遂尽复故地二十七部，英夷止守东北隅四部，不敢再犯。即印度地亦荷兰、佛兰西开之，而英夷夺之。乾隆初，印度土酋约佛兰西、荷兰二国合拒英夷，连兵数载。始分东印度属英夷，而南印度属西洋诸夷，立市埠，此各国之形也。其互市广东，则英夷最桀骜，而佛、弥二国最恪顺。自罢市以后，英夷并以兵艘防遏诸国，不许互市，各国皆怨之，言英夷若久不退兵，亦必各回国调兵艘与之讲理。去年靖逆出师以后，弥利坚夷目即出调停，于是义律来文，有"不讨别情，只求照例通商"之请，并烟价、香港亦不敢索，此机之可乘者三。乃款议未定，而我兵突攻夷馆，反误伤弥利坚数夷，于是弥利坚夷目不复出力。而佛兰西于英夷再次败盟之后，是冬有兵头兵船至广东，求面见将军，密禀军务，自携能汉语之二僧，请屏去通使，自言愿代赴江、浙与英夷议款，必能折服，不致无厌之求，倘英夷不从，亦可藉词与之交兵。乃自正月与大帅晤商，始则不许代奏，及奏又支离其词，反以叵测疑佛兰西。延至六月，闻浙江奏请款抚，始许其行。时英夷兵船已深入长江，犯江宁。于是佛兰西船驶至上海，请我舟导其入江，而上海官吏又往返申请稽时，迨佛兰西易舟入江，则款事已定数日，尽饱谿壑，佛兰西怅然而返，此机之可乘者四。故可乘而不乘，非外夷之不可用也，需调度外夷之人也。

今日之事，苟有议征用西洋兵舶者，则必曰借助外夷恐示弱；及一旦示弱数倍于此，则甘心而不辞。使有议置造船械师夷长技者，则曰糜费；及一旦糜费十倍于此，而又谓权宜救急而不足惜。苟有议翻夷书、刺夷事者，则必曰多事；嘉庆间，广东有将汉字夷字对音刊成一书者，甚便于华人之译字，而粤吏禁之。及一旦有事，则或询英夷国都与俄罗斯国都相去远近，或询英夷何路

魏源

可通回部，甚至廓夷效顺，请攻印度而拒之，佛兰西、弥利坚愿助战舰、愿代请款而疑之。以通市二百年之国，竟莫知其方向，莫悉其离合，尚可谓留心边事者乎？汉用西域攻匈奴，唐用吐番攻印度，用回纥攻吐番；圣祖用荷兰夹板船攻台湾，又联络俄罗斯以逼准噶尔。古之驭外夷者，唯防其协寇以谋我，不防其协我而攻寇也：止防中华情事之泄于外，不闻禁外国情形之泄于华也。然则欲制外夷者，必先悉夷情始；欲悉夷情者，必先立译馆翻夷书始；欲造就边才者，必先用留心边事之督抚始。

问曰：既款之后，如之何？曰：武备之当振，不系乎夷之款与不款。既款以后，夷瞰我虚实，藐我废弛，其所以严武备、绝狡启者，尤当倍急于未款之时。所以惩具文、饰善后者，尤当倍甚于承平之日。未款之前，则宜以夷攻夷；既款之后，则宜师夷长技以制夷。夷之长技三：一战舰，二火器，三养兵、练兵之法。请陈国朝前事：康熙初曾调荷兰夹板船以剿台湾矣，曾命西洋南怀仁制火炮以剿三藩矣，曾行取西洋人入钦天监以司历官矣。今夷人既以据香港，拥厚资，骄色于诸夷，又以开各埠，裁各费，德色于诸夷。与其使英夷德之以广其党羽，曷若自我德之以收其指臂？考东、中二印度据于英夷，其南印度则大西洋各国市埠环之。有荷兰埠，有吕宋埠，有葡萄亚埠，有佛兰西埠，有弥利坚埠。有英吉利埠。每一埠地各广数百里，此疆彼界，各不相谋。各埠中皆有造船之厂，有造火器之局，并鬻船鬻炮于他国，亦时以兵船货船出租于他国。其船厂材料山积，工匠云辏，二三旬可成一大战舰，张帆起舵，嗟咄立办。其工匠各以材艺相竞，造则争速，驶又争速，终年营造，光烛天，声殷地。是英夷船炮在中国视为绝技，在西洋各国视为寻常。广东互市二百年，始则奇技淫巧受之，继则邪教毒烟受之；独于行军利器则不一师其长技，是但肯受害不肯受益也。请于广东虎门外之沙角、大角二处，置造船厂一，火器局一。行取佛兰西、弥利坚二国各来夷目一二人。分携西洋工匠至粤，司造船械，并延西洋舵师司教行船演炮之法，如钦天监夷官之例。而选闽、粤巧匠精兵以习之，工匠习其铸造，精兵习其驾驶、攻击。计每艘中号者，不过二万金以内，英夷有军器之冠船，每艘值银二万余圆。大兵船三桅者，每艘值银四万圆。见澳门新闻纸。凡侈言每艘需十万金者，皆妄也。现在广东义士请弥利坚人造二桅兵船，果仅费银万九千两。计百艘不过二百万金。再以十万金造火轮舟十艘，以四十万金造配炮械，所费不过二百五十万，而尽得西洋之长技为中国之长技。每艘配兵三百人，计百艘可配三万人。靖逆将军奕山奏：夷三桅大兵船三百人，二桅中号兵船二百余人，火轮船八九十人，杉板舢大者六七十人，小者二三十人。广东一万，福建一万，浙江六千，江苏四千。其所配之兵必凭选练，取诸沿海渔户枭徒者十之八，取诸水师旧营者十之二。尽裁并水师之虚粮、冗粮以为募养精兵之费。必使中国水师可以驶楼船于海外，可以战洋夷于海中。不增一饷一兵，而但裁并冗滥之兵饷。

此其章程可推广者尚有六焉：我有铸造之局，则人习其技巧，一二载后，不必仰赖于外夷，如内地钟表亦可以定时刻，逮二十五年大修之期，即可自行改造，一也。夷艘到二十五年一修。有铸造之局，则知工料之值、工食之值，每艘每炮有定价，然后可以购买。凡外夷有愿以船炮售官抵税者听。闽商、粤商出贩南洋，有购船炮归，缴官受值者听。不致以昂价赝物受欺，二也。沙角、大角既有船厂、火器局，许其建洋楼，置炮台，如澳门之例，英夷不得以香港骄他夷，生觎望。而我得收虎门之外障与澳门鼎峙，英夷不敢倔强，广东从此高枕。嘉庆中澳夷曾备兵船二，英夷备兵船四，愿助剿海盗。今更得佛、弥二夷效顺，彼贪市舶之利，我收爪牙之助。守在四夷，折冲万里，三也。鸦片趸船敢于蔓延者，欺我水师之不敢攻剿。今水师整饬，鸦烟自不敢来，纹银自不透漏。以用财为节财，四也。官设水师米艇，每艘官价四千，已仅洋艘五分之一。层层扣蚀，到工又不及一半。靖逆将军奕山奏，言水师例修之船，新造二只，覆以藤棉，加以牛皮，外施鱼网七层，演试千斤之炮，打穿两面，不能适用。今制海舰，不拘例价。若不善立章程，则将来修船之期，必仍有名无实。考洋艘所以坚固，皆由驶犯风涛，遄行万里。今官艘终岁停泊，会哨徒有具文。自后即无事之期，而战艘必岁护海运之米，验收天津。闽、广则护运暹米、吕宋米、台湾米；江、浙则各护苏、松、杭、嘉、湖之米。凡承造之人，即皆驾驶之人；凡内地出洋之商，愿禀请各艘护货者听。凡水师提镇大员入京陛见，必乘海艘，不许由

驿陆进；其副将、参、游以下入京引见，或附海运之舟北上，总禁由陆。其文吏愿乘海艘入京者听，唯不许承办船工。五也。国家试举武生、武举人、武进士，专以弓马技勇，是陆营有科而水师无科。西洋则专以造舶、驾舶，造火器、奇器取士抡官。上之所好，下必甚焉；上之所轻，下莫问焉。今宜于闽、粤二省武试，增水师一科。有能造西洋战舰、火轮舟，造飞炮、火箭、水雷、奇器者，为科甲出身；能驾驶飓涛，能熟风云沙线，能枪炮有准者，为行伍出身。皆由水师提督考取，会同总督拔取送京验试，分发沿海水师教习技艺。凡水师将官必由船厂、火器局出身，否则由舵工、水手、炮手出身，使天下知朝廷所注意在是，不以工匠、舵师视在骑射之下，则争奋于功名，必有奇才绝技出其中。昔李长庚剿海贼，皆身自持舵，虽老于操舟者不及，故知水师不能舍船械而空谈韬略，武备不能舍船炮而专重弓马，六也。

　　天下有不可强者三：有其人，无其财，一难也；有其财，无其人，二难也；有其人，有其财，无其材，谓材料。三难也。自用兵以来，所糜费数千万计，出其十之一二，以整武备有馀，则财非不足，明矣。海关浮费，数倍正税，皆积年洋商与官吏所肥蠹，起家不赀。其费皆出自鸦片，岂不当派数百万之军饷，则财又非不足，明矣。中国智慧，无所不有，历算则日月薄蚀，闰余消息，不爽秋毫；仪器则钟表晷刻，不亚西土；至罗针、壶漏，则创自中国而后西行。罗针始自中国，见《华事夷言》。穿札扛鼎，则无论水陆，皆擅勇力，是人才非不足，明矣。船桅船舱所需铁力之木，油木、桄木、梓木，皆产自两广；篷帆浸以晋石，火不能焚，出自山西；火药配以石油，得水愈炽，出自甘肃。关外玉门县赤金卫迤南之石油河，本年二月陕甘总督解至石油三千六百斤。火箭参以江豚油，逆风更猛，出自四川；军符所下，旦夕可至。硝提数次而烟白，铁经百炼而钢纯，皆与西洋无异，则材料又不不足明矣。飞炮、火器，皆创自佛兰西，而英夷效之。以及船械相等之葡萄亚、荷兰、吕宋、弥利坚等国，皆仰我茶、黄，贪我互市。欲集众长以成一长，则人争效力；欲合各国以制一国，则如臂使指。诚欲整我戎行，但得一边才之两广总督，何事不可为哉？

或曰：五十艘之船械，且造且购，一年而可集；百艘之船械，且造且购，二年而毕集。即其制造施用之法，以我兵匠学之，亦一年而可习，二年而可精。是二年后，已无铸造之事，尚远重修之期，更何局厂之设乎？曰：是何言也！夫西洋唯英吉利国兵船五百余艘，佛兰西国兵船三百余艘，盖为分守各国埠头而设。其余各国战舰，亦各不过数十艘。而皆有船厂、火器局，终年不息者，何哉？盖船厂非徒造战舰也。战舰已就，则闽、广商艘之泛南洋者，必争先效尤；宁波、上海之贩辽东、贩粤洋者，亦必群就购造，而内地商舟皆可不畏风飓之险矣。西洋火轮舟之受数千石者，止为远越重洋，其在本国内河、内港之火轮舟，皆不过受五百石至九百石而止。以通文报，则长江、大河，昼夜千里，可省邮递之烦；以驱王事，则北觐南旋，往返旬日，可免跋涉之苦；以助战舰，则能牵浅滞损坏之舟，能速火攻出奇之效，能探沙礁夷险之形。诚能大小增修，讵非军国之便。战舰有尽，而出鬻之船无尽，此船厂之可推广者一。火器亦不徒配战舰也。战舰用攻炮，城垒用守炮，况各省绿营之鸟铳、火箭、火药，皆可于此造之。此外量天尺、千里镜、龙尾车、风锯、水锯、火轮机、火轮车，自来火、自转碓、千斤秤之属，凡有益民用者，皆可于此造之。是造炮有数，而出鬻器械无数，此火器局之可推广者二。

古之圣人，刳舟剡楫以济不通，弦弧剡矢以威天下，亦岂非形器之末？而《睽》《涣》取诸《易》象，射御登诸六艺，岂火轮、火器不等于射御乎？指南制自周公，挈壶创自《周礼》，有用之物，即奇技而非淫巧。今西洋器械，借风力、水力、火力，夺造化通神明，无非竭耳目心思之力，以前民用，因其所长而用之，即因其所长而制之。风气日开，智慧日出，方见东海之民，犹西海之民，云集而鹜赴，又何暂用旋辍之有？昔汉武欲伐南越，爰习楼船水战于昆明湖。乾隆中以金川恃碉险，爰命金川俘卒建碉于香山，又命西洋人南怀仁制西洋水法于养心殿。而西史言俄罗斯之比达王，聪明奇杰，因国中技艺不如西洋，微行游于他国船厂、火器局学习工艺，返国传授，所造器械，反甲西洋。由是其兴勃然，遂为欧罗巴洲最雄大国。故知国以人兴，功无倖成，唯厉精淬志者，能足国而足兵。

人但知船炮为西夷之长技，而不知西夷之所长不徒船炮也。每月出兵以银二十圆安家，上卒月饷银十圆，下卒月饷银六圆，赡之厚故选之精，练之勤故御之整。即如澳门夷兵仅二百馀，而刀械则昼夜不离，训练则风雨无阻。英夷攻海口之兵，以小舟渡至平地，辄去其械，以绝反顾。登岸后则鱼贯肩随，行列严整，岂专恃船坚炮利哉！无其节制，即仅有其船械，犹无有也，无其养赡，而欲效其选练，亦不能也。故欲选兵练兵，先筹养兵，兵饷无可议加，唯有裁并之而已。粤省水师将及四万，去虚伍计之，不及三万。汰其冗滥，补其精锐，以万五千人为率。即以三万有余之粮，养万五千之卒，则粮不加而足。以五千卒分防各口炮台，与陆营相参。以万人分配炮舰，可得三十余艘。无事日令出哨外洋，捕海盗，缉烟贩；有事寇在邻省，则连舟赴援，寇在本省，则分艘掎角，可以方行南海矣。

或曰：粤洋绵长三千余里，水师数万尚虞不周，今裁汰大半，不弥形单寡乎？曰：水师多而不敷，以无战舰也。无战舰出洋，则口岸处处设防，以水师当陆师之用，故兵以分而见寡。今以精兵驾坚舰，昼夜千里，朝发夕至，东西巡哨，何患不周？是兵以聚而见多。英夷各处市埠，自大西洋至中国，首尾数万里，何以水师不过九万即能分守各国？又何以入寇之兵不过五十艘，而沿海被其骚动？况水师外，尚有本省绿营数万，何患其无兵分守？前年杨参赞有请水师改为陆兵之奏，吾谓不如并岸上之水师为船上之水师，用力少而收效广。

问：西洋与西洋战，亦互有胜负，我即船炮士卒一切整齐，亦何能保其必胜？曰：此为两客相攻言之，非为以客待主言之也。夫力不均技不等而相攻，则力强技巧者胜；力均技等而以客攻主，以主待客则主胜。攻劳守逸，请言其状：夫海战全争上风，无战舰则有上风而不能乘。即有战舰而使两客交哄于海中，则互争上风，尚有不能操券之势。若战舰战器相当，而又以主待客，则风潮不顺时，我舰可藏于内港，贼不能攻。一俟风潮皆顺，我即出攻。贼不能避，我可乘贼，贼不能乘我，是主之胜客者一。无战舰则不能断贼接济，今有战舰，则贼之接济路穷，而我以饱待饥，是主之胜客者二。无战舰则贼敢登岸，无人攻其后。若有战舰则贼登岸之后，舶上人少，我兵得袭其虚，与陆兵夹击，是主之胜客者三。无战舰则贼得以数舟分封数省之港，得以旬日遍扰各省之地。有战舰则贼舟敢聚不敢散，我兵所至，可与邻省之舰夹攻，是主之胜客者四。故历考西洋各国交兵，凡英吉利往攻弥利坚本国，则弥利坚胜；以英吉利往攻俄罗斯本国，则俄罗斯胜；若英吉利与各国互战于海中，无分主客，则舵师能得上风者胜。

问曰：船厂、火器局设于粤东矣，其福建、上海、宁波、天津亦将仿设乎，不仿设乎？战舰百艘，果足敷沿海七省之用乎？曰：沿海商民，有自愿仿设厂局以造船械，或自用、或出售者听之。若官修战舰、火器局则止须立于粤东，造成之后，驶往各岸，无事纷设。盖专设一处则技易精，纷设则不能尽精；专设则责成一手，纷设则不必皆得人。战舰既成以后，内地商艘仿造日广，则战艘不必增造，何者？西洋货船与兵船坚固同，大小同，但以军器之有无为区别。货船亦有炮眼，去其铁板，即可安炮。内地平时剿贼，尚动雇闽、广商艘，况日后商艘尽同洋舶，有事立雇，何难佐战舰之用？唯水师则必以闽、广为主，而江、浙为辅，何则？福建之役，夷船泊于南澳港，邓制军所募水勇，佯作商舟，乘无风攻之。夷艘甫觉，我水勇已逼其后梢，焚其帆索，伤其舵师、水手。夷艘无风不能起椗，逼近不能开炮，且小舟外障湿幔，铳弹不能入，良久风起，夷船始遁，此江、浙水勇所不能也。粤东之役，官军方失利于城外，而我武举梁体群，夜以火舟三队，从穿鼻洋截攻其后，乘潮至虎门横档，夷船甫开一炮，而我火舟已逼其后梢，水药枪轰发，两桅飞起空中，全艘俱毁。佛山义勇又围截夷兵于龟冈炮台，绕出上风，纵毒烟以眯夷目，尽歼夷兵，并击破其应援之杉板舟，此江、浙水勇所不能也。靖逆将军奏言：粤中水勇以舟八人荡桨，旋折如飞，将及夷炮所及之处，即覆舟入水，戴之而行，及至夷船，仍翻舟而上，以火球、喷筒焚其帆索，得势即跃上夷船，不得势即仍下水覆舟而行，铳炮皆不能及。已募得二百余人，此江、浙所无也。夷船犯乍浦时，余艘留踞镇海招宝山。有委员雇闽勇三百余，以火舟

易使贼觉，献策用大油篓各装火药二百斤，载以小竹筏，以铁索拴筏四角，套于项颈，手扶篓筏，贴水潜行。远望不见，及至夷船后，潜挂舵上，火发轰烈，全船立毁。既而有尼之者，飞檄中止，此亦江、浙所无也。此皆在无战舰之时可用若是，况配入战舰，用其所长，外夷尚且畏之，岂他省所及？故江、浙舟师宜专护海运，而闽、粤舟师宜专剿海寇。汉口、瓜洲、钱塘江亦有没水之人，能伏行江底，然每处仅二三十人。不能多也。

问：子于《议守篇》，专守内河，守近岸，使夷船夷炮失其所长，已可收安南创敌之功，则又何艘械之足学，而厂局之足设耶？曰：夷兵之横行大洋者，其正也；其登岸及入内河者，其偶也。夷性诡而多疑，使我岸兵有备而彼不登岸，则若之何？内河有备而彼不入内河，则若之何？观其初至也，以结怨之广东而不攻，继以结怨之厦门而不力攻，及突陷舟山，徘徊半载而不敢深入，是犹未测内地之虚实，尚有所畏也。自广东主款撤防，破虎门，围省会，而夷始肆然无忌矣。再破厦门、定海驶入宁波，而益无忌矣。再破乍浦、宝山、上海驶入长江，而益无忌矣。使夷知内河有备，练水勇备火舟如广东初年之事，岂肯深入死地哉？故广东初年有歼夷之备，而无其机；江、浙近年有歼夷之机，而无其备。且夷兵舶五十艘，货船二十余艘，火轮舟十艘，其闯入珠江入甬江，入黄浦江者，皆不过兵舰七八艘，火轮二三艘，杉板小舟十馀而已，其馀仍寄碇大洋。即使歼其内河诸艇，而奇功不可屡邀，狡夷亦不肯再误。且夷贪恋中国市埠之利，亦断不肯即如安南、日本之绝交不往，此后则非海战不可矣。鸦片趸船仍泊外洋，无兵舰何以攻之？又非海战不可矣。夷船全帮数十艘，驶入者唯长江。江面虽狭于外洋，而倍阔于他港，夷艘散泊各岸，不聚一处。即用兀术之火攻，而天时风色难必，亦不过歼其三分之一，究恐有窜出大半之舰，则亦非追剿不可矣。苟夷畏我内河，专肆惊扰，声东击西，朝南暮北。夷人水行一日可至者，我兵陆行必数日方至。夷攻浙，则调各省之兵以守浙，夷攻江，则又调各省之兵以守江。即一省中，而有今日攻乍浦，明日攻吴淞，后日又回扰镇海。我兵又将杂然四出，应接不暇，安能处处得人，时时设备？况战舰火器，乃武备必需之物，二三百万，乃军需十分之一，何惮不为而见轻于四夷？况有洋舰洋炮之后，亦非漫然浪战也。客兵利速战，主兵利持重。不与相战而唯与相持，行与同行，止与同止，无淡水可汲，无牛羊可掠，无硝药可配，无铁物可购，无篷缆可补，烟土货物无处可售，舵枪无处可修。又有水勇潜攻暗袭，不能安泊，放一弹即少一弹，杀一夷即少一夷，破一船即少一船。而我之沿海腹地，既有战舰为外卫，则内河近岸高枕无虞。所至接济策应，逸待劳，饱待饥，众待寡，是数十艘可当数百艘之用。况夷兵以大艘为身，以杉板小舟为四足，但多募渔舟快艇，专毁其杉板小舟，小舟尽，则大舟亦可为我有。在得人而已！在得人而已！

书 信

致 陈 起 书

松心仁兄亲家左右：

东垣世兄来高邮，奉到手言，并大集，快读数日，茅塞顿开。子由造就已过子瞻，而五言古诗高古处，直逼汉魏。本朝第三人故非自负，第未审第一二席如何位置也。已录其所爱者为一册存案，赖以当晤对。其原集交东垣世兄携还，以防散佚。弟近亦将检诗文集，惜道远不能就正。只得刊就奉寄商耳。今将所欲定者列右。

一、诗集宜分体，不宜编年，三百篇其大例也。况山林未仕关，不可假借。集中拟古次古韵诸题，窃望一笔勾之，庶无掩瑜之累。

一、集中空空咏怀者居多，而山水诗太少。其咏怀亦离别恒情居多，而有关系者颇少。湘江、衡岳、浯溪、石鼓、愚溪、月岩，以至桂林阳朔，奇秀甲天下。家乡咫尺，但一叶扁舟，溯洄空明，何患清明之气，不勃勃腕下。又如乡俗之淳漓，年荒钱荒之得失，近年楚粤兵事之琐尾，作歌告哀，以备采风，何患律诗不与杜陵媲美。昔人时非三人，非如杜韩苏诸公出处，关系史事，何必编年而不分体，徒迷读者之目。且集中精华在五古，乃不以之冠首，而杂厕诸体之中，鱼目混珠，岂计之得耶。

一、诗以言志达性情为乐，集中拟古次古韵几居十分之八，无自己面目，全蹈明七子习气。今人披题一望生厌。古人如陶、阮、陈、杜皆自抒胸臆，独有千古。太白青田乐府，借古题以述时事；东坡和陶，借古韵以寄性灵。字字皆自己之诗，与明七子优孟学语，有天渊之别。

位非拾遗之诮。谓泛论时政，出位言高，非谓家乡切虑，民风谣俗，亦在所禁，何国风采自何人耶。廿载至交，千里一纸，不敢以寒暄套语塞责。谨此代晤，唯詧而教之是幸。愚弟魏源顿首，七月廿一日扬州。

尊兄筠翁诗选，入《沅湘集》者，将赠弟之作（一湘潭次白马王韵，一次谢惠连韵）皆删去。筠翁诗甚少，又无专集，望将此二诗，附刊于尊集，次兄韵之下，则两全其美矣。又及。

按：松心即陈起书，字通甫，一字松心，郴州人，著《撼山草堂遗稿》。兄名起诗，号云心，道光九年进士，任吏部员外郎。工诗，《沅湘耆旧集》内有陈吏部诗。此信所称"尊兄筠翁"诗选，入《沅湘集》，盖即指此。

诗　词

村居杂兴十四首呈筠谷从兄 录一

　　结茅万山巅，四面奇峰绕。开牖面朝阳，得日最为早。四野鸡未啼，一室已先杲。五更起盥漱，馔粥日未卯。独立群动前，俯视万象表。沉沉万梦中，中有一人晓。置身天地外，何羡红尘浩。以上乡居，少时。

偶然吟十八首呈婺源董小槎先生为和师感兴诗而作_{录一}

　　四远所愿观，圣有乘桴想。所悲异语言，笔舌均恍惘。聪谁介葛卢，舌异公冶长。所至对暗聋，重译殊烦怏。若能决此藩，万国同一吭。朝发旸谷舟，暮宿大秦港。学问同献酬，风俗同抵掌。一家兄弟春，九夷南陌党。绕地一周还，谈天八纮放。东西海异同，南北极下上。直将周孔书，不囿禹州讲。因思肇辟初，声音孰分壤。破碎混沌天，吾怨轩羲往。

次韵前出塞九首

　　星燧燎原隰，蚁壤溃江河。非首来大宛，非梏贡新罗。谁知狂国泉，市比贡艘多。饮食继讼师，嗜欲兴干戈。
　　重典辟止辟，古人不我欺。岂其叔叶世，反胜虞周时。惩螫须断腕，理乱先斩丝。但明大理星，何畏蚩尤旗。
　　欲拔长鲸牙，须是摩天手。虎山藿不采，龙渊威蓄久。轩车服四溟，周戎诘九有。安有涉长河，舟败篙楫朽。
　　鸿钧转上帝，六合为一身。良由日月遍，不独风雷嗔。计陈无贵贱，道合何疏亲。刍灵尊庀陛，风云哭渭辛。
　　择士如择马，理财如理军。安有富四海，而以贫寡闻。倾泽塞漏卮，鞭骥归驽群。卮竭还渔泽，驽败方佽勋。
　　海环大九州，震旦东隅长。自惜金轮圣，宰制千国王。涣汗九万里，荣辱非一强。奈何羿乌耻，徒使鲁阳伤。
　　朝望西溟水，夕驾昆仑山。胸中盖地图，八极指掌间。身非黄鹄翼，而与罡风还。高鸣叫阊阖，羲驭何时攀？
　　睒睒太白芒，汩汩黄流昏。五行金水气，日随大化奔。圣人调燮功，参赞有其门，春秋蕃露篇，那数盐铁论。
　　圣忧日中昃，愚歌鼓缶功。否泰大转圜，平陂小异同。猘猣特癣疥，尊俎旨伏戎。唯有华山老，河洛宵探穷。

130

魏源

华 山 诗 三 首

　　金秋严肃气，凛然不可容。一石一草木，尚压千万峰。岂肯放平易，招引人世踪。树皆斜仄生，云皆斜仄通。略无寸步直，但有两壁穷。近之太难亲，遥瞻始景从。正如古神圣，千载共朝宗。不睹岩岩势，但慕泱泱风。安知真觌面，不与跻华同。

　　为访云中君，来寻天上石。千洞万洞势，混沌重开辟。人行入山中，山已天外立。再上更不能，有石皆倒发。台殿青云端，势欲压山侧。森然一檐下，献此万丈碧。造胜启天荒，入深闯地赜。遗众仁曾颠，骤觉此身易。出山意已移，灵境渺天北。从知此后身，所莅皆谪斥。

　　百转百丘壑，一步一阶级。奇怪非一逢，性命几万掷。倒垂万菡萏，侧走千霹雳。一石三芙蓉，三峰只一石。千峰为莲瓣，三峰为莲菂。纷纷莲花须，化松千万亿。白帝明星宫，寄在千叶隙。神仙窟宅间，日与天相索。聪明乃尘垢，陶铸皆陈迹。虽复游无穷，亦自悲形役。一下金天台，人间愁踧踖。

华山西谷 四首录二

华山中断为二，而苍龙一岭联之。岭左右为东西二谷，东谷直抵潼关，而西谷最胜。登华者皆自此入，即所谓张超谷也。谷口水汇于玉泉禅院，寻涧而入，双峡壁立，麓趾互错，地深天高，石奇泉养，凡百十曲而至水帘洞。瀑自绝壁万仞飞下，即谷水之源也。洞居半壁，一石凹出受瀑，倒入洞腹，将至洞底，复穿石出，下汇寒碧。而两峡松各数十万，绿天翠海，涛满虚空，光响灵幻，非复人世，宇内断无第二。而自来游华者，皆半途即舍涧登青柯坪，从无一人穷源至斯者。洞天咫尺，不许问津，何必桃源，始迷前路。

苍苍唯一色，不辨云树峰。浩浩唯一声，不辨风泉松。入谷几千曲，穿云将万重。时时乱石间，洄潭卷天容。寻源不得源，讵惜劳双筇。山荒人迹绝，猿鸟俱鸿蒙。谁知万壑响，出自微泉淙。万泉之上游，关键万峰中。出入石府藏，讵非龙所宫。空翠风不卷，气与诸天通。

溪山各无言，万云所酣醉。水石各无心，万松为映渍。松云几万重，浸得衣浑翠。身似鱼游空，何待生翼羽。仰视峡中天，古井澜不沸。咳唾不敢轻，谷响殷潮势。步步皆岳魂，息息通仙忾。莹然一寸心，苍苍照天地。诗难状碧空，梦亦浮元气。何人苍龙岭，俯瞰思飘坠。请谢世网尘，长枕秋云睡。仙犬守云扃，毋许渔樵至。袁中郎游华山记，自苍龙岭俯瞰西谷水帘洞，松云水石之奇，直得一死。盖亦身未至而遥瞻，已如此心醉。

魏源

粤江舟行 七首录一

千山去未已，一江勒之还。江流日夜东，一峰砥其澜。蔚然石林气，俯压牂牁湾。左江右江合，四面相潆环。开胸纳众流，万马争一关。帆樯集楚粤，鳞栉闠市阛。梧已富于桂，广更富于端。未闻估客舟，争利于深山。未闻泉石士，高隐鱼盐间。愈下财愈潴，愈贵骨愈屼。始知山及水，分主名利坛。都会必处下，平易民斯安。地广容众易，势险兵争难。嗟予独何为，浩荡穷百蛮。梧州系龙州。

江　南　吟 十首录二，效白香山体

　　种花田，种花田，虎丘十里山塘沿。春风玫瑰夏杜鹃，午夏茉莉早秋莲，红雨一林香一川。朝摘夜开，夜摘朝开。采花人朝至，卖花船夜回。有田何不种稻稷，秋收不给两忙税。洋银价高漕斛大，纳过官粮余秸稃。稻田贱价无人买，改作花田利翻倍。下田卑湿不宜花，逋负空余菱芡蕾。呜呼，城中奢淫过郑卫，城外艰苦逾唐魏。游人但说吴民娇，花农独为田农泪。

　　阿芙蓉，阿芙蓉，产海西，来海东。不知何国香风过，醉我士女如醇酘。夜不见月与星兮，昼不见白日，自成长夜逍遥国。长夜国，莫愁湖，销金锅里乾坤无。涵六合，迷九有。上朱邸，下黔首。彼昏自痼何足言，藩决膏殚付谁守？语君勿咎阿芙蓉，有形无形朒则同。边臣之朒曰养痾，枢臣之朒曰中庸。儒臣鹦鹉巧学舌，库臣阳虎能窃弓。中朝但断大官朒，阿芙蓉烟可立尽。俗语烟瘾之瘾，字书无之。《说文》："朒，病瘠也。"今借用之。

魏源

都中吟 十三首录二，效白香山体

　　小楷书，八韵诗，青紫拾芥惊童儿。书小楷，诗八韵，将相文武此中进。八扇天门诙荡开，玉皇亲手策群才。胪唱喧传云五色，董晁花样毛锥来。从此掌丝纶，从此驰韬铃。官不翰林不谥文，官不翰林不入阁。从此考枢密，从此列谏官，尽凭针管绣鸳鸯。借问枢密职何事，佐上运筹议国计。借问谏臣职何秉，上规主缺下民隐。雕虫竟可屠龙共，谁道所养非所用。屠龙技竟雕虫仿，谁道所用非所养。君不见前朝待诏翰林院，书画琴棋艺原贱。工执艺事可进谏，差胜手搏可方面，差胜琵琶可封王，斗鸡可乘传。铨部竹签且得材，润色承平况文绚。昨日大河决金堤，遣使合工桃浪诗。昨日楼船防海口，推毂先推写檄手。

　　筹善后，筹善后，炮台防江防海口。造械造船造火攻，未敢议攻且议守。船炮何不师夷技，唯恐工费须倍蓰。江海何不严烟禁，唯恐禁严激边衅。为问海夷何自航？或云葱岭可通大西洋；或云廓尔喀印度可窥乌斯藏；或云弥夷佛夷鄂夷辈，思效回纥之助唐；或云诸国狼狈叵测可不防，使我议款议战议守无一臧。呜呼！岛夷通市二百载，茫茫昧昧竟安在。题本如山译国书，何不别开海夷译馆筹边谟。夷情夷技及夷图，万里指掌米沙如。知己知彼兵家策，何人职司典属国。

金 焦 行

登金焦，望海潮，海门荡荡无夷艘。登金焦，望北固，万家烟火知何处？我有苍茫万古哀，酒酣走上妙高台，江左夷吾安在哉！排厓撼塔西风来。宝刹塔高千百尺，纵观战势如潮势。二百年来两壮观，郑延平与英吉利。江北火光赤如血，江南涛色黯如墨。炮声未动涛声蹙，中有沉沉万家哭。天堑忽闻南北分，长鲸竟据三吴腹。生长百年老环堵，锦绣河山宴歌舞。海宴河澄二百年，那信鲸鲵吞士女。守城都统问何人，呜咽寒涛接牛渚。幸寇不知金石与图书，不然金山玉轴随天吴，焦山鼎碣归尾闾。江岸怒涛撼城吼，群夷争饮捷胜酒。夷酋登临亦太息，如此金汤不知守。舟山宝山纵绝地，镇海镇江复何有。我来醉数六朝山，残剩苍茫乂乂间。海会寺前郑三宝，曾出此山震夷岛。晋江城外郑成功，曾出此山夺台彭。白土山前梁化凤，复驱岛寇如卷蓬。若言江左少人物，前朝何故多英雄？若言长江费关锁，何故先朝岁龙舸？荷兰万里贡戈船，暹特陪臣觐烟火。擎天拔地起离宫，回江倒海沸笙镛。但闻蠲租百万诏，几见多垒四效烽。登金焦，望海潮，海门荡荡无夷艘。横海将军雄豹韬，防江善后来旌旄，炮台磊落江天高。江天高处御书县，父老流泪先皇年。

魏源

江口晤林少穆制府二首录一

万感苍茫日，相逢一语无。风雷憎蠖屈，岁月笑龙屠。方术三年艾，河山两戒图。乘槎天上事，商略到鸥凫。

寰　　海（二首）

城上旌旗城下盟，怒潮已作落潮声。
阴疑阳战玄黄血，电挟雷攻水火并。
鼓角岂真天上降，琛珠合向海王倾。
全凭宝气销兵气，此夕蛟宫万丈明。

同仇敌忾士心齐，呼市俄闻十万师。
几获雄狐来庆郑，谁开柙兕祸周遗？
前时但说民通寇，此日翻看吏纵夷。
早用秦风修甲戟，条支海上哭鲸鲡。